思想的・睿智的・獨見的

經典名著文庫

學術評議

丘為君　吳惠林　宋鎮照　林玉体　邱燮友

洪漢鼎　孫效智　秦夢群　高明士　高宣揚

張光宇　張炳陽　陳秀蓉　陳思賢　陳清秀

陳鼓應　曾永義　黃光國　黃光雄　黃昆輝

黃政傑　楊維哲　葉海煙　葉國良　廖達琪

劉滄龍　黎建球　盧美貴　薛化元　謝宗林

簡成熙　顏厥安（以姓氏筆畫排序）

策劃　楊榮川

五南圖書出版公司 印行

經典名著文庫

學術評議者簡介（依姓氏筆畫排序）

- 丘為君　美國俄亥俄州立大學歷史研究所博士
- 吳惠林　美國芝加哥大學經濟系訪問研究、臺灣大學經濟系博士
- 宋鎮照　美國佛羅里達大學社會學博士
- 林玉体　美國愛荷華大學哲學博士
- 邱燮友　國立臺灣師範大學國文研究所文學碩士
- 洪漢鼎　德國杜塞爾多夫大學榮譽博士
- 孫效智　德國慕尼黑哲學院哲學博士
- 秦夢群　美國麥迪遜威斯康辛大學博士
- 高明士　日本東京大學歷史學博士
- 高宣揚　巴黎第一大學哲學系博士
- 張光宇　美國加州大學柏克萊校區語言學博士
- 張炳陽　國立臺灣大學哲學研究所博士
- 陳秀蓉　國立臺灣大學理學院心理學研究所臨床心理學組博士
- 陳思賢　美國約翰霍普金斯大學政治學博士
- 陳清秀　美國喬治城大學訪問研究、臺灣大學法學博士
- 陳鼓應　國立臺灣大學哲學研究所
- 曾永義　國家文學博士、中央研究院院士
- 黃光國　美國夏威夷大學社會心理學博士
- 黃光雄　國家教育學博士
- 黃昆輝　美國北科羅拉多州立大學博士
- 黃政傑　美國麥迪遜威斯康辛大學博士
- 楊維哲　美國普林斯頓大學數學博士
- 葉海煙　私立輔仁大學哲學研究所博士
- 葉國良　國立臺灣大學中文所博士
- 廖達琪　美國密西根大學政治學博士
- 劉滄龍　德國柏林洪堡大學哲學博士
- 黎建球　私立輔仁大學哲學研究所博士
- 盧美貴　國立臺灣師範大學教育學博士
- 薛化元　國立臺灣大學歷史學系博士
- 謝宗林　美國聖路易華盛頓大學經濟研究所博士候選人
- 簡成熙　國立高雄師範大學教育研究所博士
- 顏厥安　德國慕尼黑大學法學博士

經典名著文庫067

人類的將來

Unpopular Essays

羅　素 著
(Bertrand Russell)
杜若洲 譯

經典永恆・名著常在

五十週年的獻禮・「經典名著文庫」出版緣起

總策劃 楊榮川

五南，五十年了。半個世紀，人生旅程的一大半，我們走過來了。不敢說有多大成就，至少沒有凋零。

五南忝爲學術出版的一員，在大專教材、學術專著、知識讀本出版已逾壹萬參仟種之後，面對著當今圖書界媚俗的追逐、淺碟化的內容以及碎片化的資訊圖景當中，我們思索著：邁向百年的未來歷程裡，我們能爲知識界、文化學術界做些什麼？在速食文化的生態下，有什麼值得讓人雋永品味的？

歷代經典·當今名著，經過時間的洗禮，千錘百鍊，流傳至今，光芒耀人；不僅使我們能領悟前人的智慧，同時也增深加廣我們思考的深度與視野。十九世紀唯意志論開創者叔本華，在其〈論閱讀和書籍〉文中指出：「對任何時代所謂的暢銷書要持謹慎的態度。」他覺得讀書應該精挑細選，把時間用來閱讀那些「古今中外的偉大人物的著作」，閱讀那些「站在人類之巔的著作及享受不朽聲譽的人們的作品」。閱讀就要「讀原著」，是他的體悟。他甚至認爲，閱讀經典原著，勝過於親炙教誨。他說：

「一個人的著作是這個人的思想菁華。所以，儘管一個人具有偉大的思想能力，但閱讀這個人的著作總會比與這個人的交往獲得更多的內容。就最重要的方面而言，閱讀這些著作的確可以取代，甚至遠遠超過與這個人的近身交往。」

爲什麼？原因正在於這些著作正是他思想的完整呈現，是他所有的思考、研究和學習的結果；而與這個人的交往卻是片斷的、支離的、隨機的。何況，想與之交談，如今時空，只能徒呼負負，空留神往而已。

三十歲就當芝加哥大學校長、四十六歲榮任名譽校長的赫欽斯（Robert M. Hutchins, 1899-1977），是力倡人文教育的大師。「教育要教眞理」，是其名言，強調「經典就是人文教育最佳的方式」。他認爲：

「西方學術思想傳遞下來的永恆學識，即那些不因時代變遷而有所減損其價值的古代經典及現代名著，乃是眞正的文化菁華所在。」

這些經典在一定程度上代表西方文明發展的軌跡，故而他爲大學擬訂了從柏拉圖的《理想國》，以至愛因斯坦的《相對論》，構成著名的「大學百本經典名著課程」。成爲大學通識教育課程的典範。

歷代經典‧當今名著，超越了時空，價值永恆。五南跟業界一樣，過去已偶有引進，但都未系統化的完整舖陳。我們決心投入巨資，有計畫的系統梳選，成立「經典名著文庫」，希望收入古今中外思想性的、充滿睿智與獨見的經典、名著，包括：

- 歷經千百年的時間洗禮，依然耀明的著作。遠溯二千三百年前，亞里斯多德的《尼各馬科倫理學》、柏拉圖的《理想國》，還有奧古斯丁的《懺悔錄》。
- 聲震寰宇、澤流遐裔的著作。西方哲學不用說，東方哲學中，我國的孔孟、老莊哲學，古印度毗耶娑（Vyāsa）的《薄伽梵歌》、日本鈴木大拙的《禪與心理分析》，都不缺漏。
- 成就一家之言，獨領風騷之名著。諸如伽森狄（Pierre Gassendi）與笛卡兒論戰的《對笛卡兒沉思錄的詰難》、達爾文（Darwin）的《物種起源》、米塞斯（Mises）的《人的行爲》，以至當今印度獲得諾貝爾經濟學獎阿馬蒂亞‧

森（Amartya Sen）的《貧困與饑荒》，及法國當代的哲學家及漢學家余蓮（François Jullien）的《功效論》。

梳選的書目已超過七百種，初期計劃首爲三百種。先從思想性的經典開始，漸次及於專業性的論著。「江山代有才人出，各領風騷數百年」，這是一項理想性的、永續性的巨大出版工程。不在意讀者的眾寡，只考慮它的學術價值，力求完整展現先哲思想的軌跡。雖然不符合商業經營模式的考量，但只要能爲知識界開啟一片智慧之窗，營造一座百花綻放的世界文明公園，任君遨遊、取菁吸蜜、嘉惠學子，於願足矣！

最後，要感謝學界的支持與熱心參與。擔任「學術評議」的專家，義務的提供建言；各書「導讀」的撰寫者，不計代價地導引讀者進入堂奧；而著譯者日以繼夜，伏案疾書，更是辛苦，感謝你們。也期待熱心文化傳承的智者參與耕耘，共同經營這座「世界文明公園」。如能得到廣大讀者的共鳴與滋潤，那麼經典永恆，名著常在。就不是夢想了！

二〇一七年八月一日 於

五南圖書出版公司

導讀

中國文化大學哲學系教授兼系主任　傅皓政

《人類的將來》一書是伯特蘭・羅素（Bertrand Russell）於一九五〇年獲得諾貝爾文學獎時，同年所出版的書，該書收集的論文乃是一九五〇年及之前十來年羅素所寫反思人類社會種種問題的文章。在這些文章中，我們可以看到羅素充滿著對於當時世界情勢的關切，而透過這些論述，也能讓讀者們深刻理解哲學思辨的重要性。例如：在不同的時代遞嬗中，人們不斷地透過不同的哲學觀點建造了各種社會的樣貌，大部分的統治者都會強調他們的觀點是最有助於人們得到幸福的觀點，因此，這些觀點都造成深遠的影響，不幸的是有時不同觀點之間的衝突甚至帶來了戰爭的後果。由於這些文章都是羅素在第二次世界大戰前後所寫就的，因此，字裡行間充滿了對人類未來社會的期盼，希望人們透過良好的哲學思考素養，輔以良好的教育內容，建造一個美好而幸福的未來社會型態。因此，在閱讀這些文章之時，我們不妨跟羅素這位偉大的哲學家一起思考這個最重要的問題：「人類應該如何做，才能夠過著比較美好而幸福的生活？」

面臨著剛結束世界大戰的社會，羅素在〈人類的將來〉一文中思索著人類未來的發展，他預測在二十世紀末來臨之前，人類社會可能出現的三種型態，第一種可能是因人類武器科技的高度發展，使得人類進入全體自我毀滅的狀態，人類這個物種徹底從地球上消失；第二種可能則是雖未達到全體毀滅的地步，但是人類回到野蠻時代，留下來的人類因爲戰爭帶來幾乎全體毀滅的結果，因而痛恨教育帶來科技高度發展的成果，所以主張人類如果要得到幸福，就要將教育從人類社會中拔除；最後一個可能是爲了避免戰爭，整個世界必須統一在一個強權之下，以武力維持和平的社會狀態。當然，目前時序已進入二十一世紀，回過頭來看羅素數十年前的著作，其實是非常發人深省的，我們似乎應該感到慶幸，在冷戰時期美、俄兩強之間採取的是對峙而非互相毀滅的策略，才沒有落入羅素所說的第一種或第二種可能性。雖然目前世界也不是如羅素所預測的第三種情況，統一在某個強權之下，但是現今各個國家之間不同的利益傾軋或妥協，仍不斷地讓不同國家或地區的人們感受到威脅，所以直到今日，我們仍十分需要且期許每個人，尤其是擁有權力的人具備思考人類未來的智慧，期望共同爲人類社會帶來美好幸福的未來。

羅素指出要讓人類社會擁有更美好幸福的未來，具備哲學的思辨能力是相當重要的，因此在論文集的第一、二、四篇中，他開始闡述哲學的重要性，尤其是對於人類生活的重要性。哲學觀點對於人類社會制度的影響非常深遠，如一般人熟知自由主義（liberalism）與獨斷論/教條主義（dogmatism）之間的對壘，在不同的哲學觀點下發展出不同的社會制度，與每個人的生活自是息息相關。羅素對於比較兩者之間的優劣論述著墨尤多，他認爲自由主義比教條主義更能促進人類社會的和諧與進步，所以，人類不只是在思想上應該獲得自由，而是各個領域的自由都應該被保護，因爲這正是人類進步的最重要因素，如羅素所言：「凡是仍然保持著自由主義信念的各國族，應該全心全意由衷地相信他們的信念，不要讓步於右派（the Right）或左派（the Left）教條主義，卻要深深信服自由、科學的自由以及互相寬容之價值。因爲，假設沒有這些信念，在我們這個政治上分裂而技術上統一的星球上，生命將難以維續。」那麼，如何能夠培養自由主義的信念呢？羅素認爲經驗主義（Empiricism）的哲學方法是值得借鏡的，因爲經驗主義「宣揚宗教寬容（religious toleration）、代議政治以及靠制衡制度限制政府的能力。」除了思考不同哲學觀點所造成的制度差異之外，羅素也注意到知識還需要德性的配合，而這正是哲學的倫理學（ethics）領域所關心的課題，他舉了一個有趣的例子說明知識的德性，假設A、B、C三個人跟自己毫無關係，通常我們在判斷上是比較客觀而不容易出錯的，然而一旦A、B、C跟自己有不同的關係，例如A是自己、B是懷恨的對手、C是提出問題的老師，那麼在判斷上就很容易受到情緒左右而有所偏頗，這和現在流行「同溫層效應」的說法不謀而合，顯見理性的判斷容易受到情緒左右而產生偏頗的情況所在多有，因此，羅素在這方面的論述值得我們細細咀嚼，增強哲學思辨的能力，隨時自我覺察是否因爲情感的牽絆而做出不公正的裁決，這樣的態度才能讓自己更客觀地面對各種生活上的問題。

再者，羅素認爲知識與德性都必須落實在實踐的層面上，因此，他撰寫了〈論做個有現代意識的人〉、〈教師的職能〉等論文，極力闡述人類應當如何藉由提升哲學思辨能力擺脫自己偏狹的想法，尤其在〈知識垃圾的概況〉一文中，羅素的論述眞是精采極了，說出了一些直到現在還有很多人無法擺脫的麻煩，即受到錯謬或偏見等信念的牽制。比如說，現在仍有許多人相信有德之人是不會遭到雷擊的，或者說遭到雷擊的人一定是因爲無德而遭到上天懲罰，或者深深相信星象的變化會影響人類的命運等等。羅素指出這些信念帶來的嚴重後果不僅於讓人類自己受到蒙蔽而已，在人與人相互對待的關係上也會產生許多錯誤而導致他人無端受苦的結果。例如羅素提到「一直到十八世紀之末，都有一種說法：瘋狂是起於鬼魔附身。論究起來，凡是病患所說的苦楚，鬼魔也在所難免，於是有了最好的治療法，就是使病患受到不堪的苦楚，搞到鬼魔離家出走爲止。遵照這種說法來辦，瘋子都飽受毒打。」我相信每個人在日常生活中不乏聽到明明就是荒誕不經的說法，爲什麼某些人能夠說得彷彿就是眞的似的且深信不疑？尤其是怪力亂神之語，直到目前爲止仍使許多人感到困擾，由於缺乏哲學思辨的能力，縱然這些怪力亂神之語的眞實性根本是無法驗證的，但許多人會秉著「寧可信其有」的態度，然而，從羅素的論述中，我們可以發現面對這樣的問題時，應當要審愼爲上，如果不保持審愼思考的態度，久而久之就會失去戒心，很容易將彼時只是「寧可信其有」的信念當成眞理（Truth）。不過，缺乏哲學思辨能力而輕易接受偏見般的信念這件事，更可怕的還不止於此，看看羅素所說的政府的力量。羅素說：「我深深相信：在政府的推動之下，全國人民會相信而崇之的荒唐可笑之事，是絕對沒有限制的。給我一支相當大的軍隊，並給我權力來供養這支軍隊。使其報酬及伙食超過一般人民之所得，那麼我就願意接受使命，在三十年之內，使得大部分的人口都相信二加二等於三，以及使他們相信；水受熱而凍，遇冷則沸，或任何其他可以迎合國家志趣的胡說八道。」在這段文字中，羅素指出在強大的政府或社會力量的壓迫下，人類是很容易屈服而背離眞理的。要避免這樣的情況出現，教育就是非常重要的環節，如何在教育的過程中讓各種意見得以呈現，形成自由討論與寬容分歧意見，避免國家憑著愚民政策，並煽動非理性的熱情的企圖能夠得逞是非常重要的。因此，羅素認爲「教師，有如藝術家、哲學家以及文學家，若要能夠充分實行他的工作，一定要他自己覺得；他是一個自主的個人，他受到一種內在創造衝動的引導，而不受一個外在權威的支配與束縛。」教師在教育中就是要能夠感受到自己是自由的，才能將這樣的自由意識在教育中傳授給學生，讓他們也同樣養成良好的思考習慣，所以羅素認爲，教育的目標之一當然就是使大家成爲有現代意識的人，這樣的人「雖然很相信他自己這個時代裡的智慧，卻一定要讓人家覺得，他對於自己的能力非常謙虛。」

最後，羅素考察了人類的諸多思想，透過整理與分析，寫就了〈有益人類的諸多思想〉及〈有害人類的諸多思想〉兩篇對比性極強的文章。在〈有益人類的諸多思想〉中，羅素提出了幾個値得我們深思的課題，第一個課題就是十七世紀伽利略（Galileo Galilei）、牛頓（Newton）、萊布尼茲（G.W. Leibniz）等人的科學成就顯示，科學上的進步必須擺脫倫理與審美的偏見，人們以自以爲是的信念或信仰是阻擋我們了解自然律（natural law）的絆腳石。設想如果在某次颱風侵襲的過程中，某座山嶺發生土石流造成災害，政府或人民仍相信獻祭是帶來平安的方法，而不願意擺脫這個信念好好地去研究土石流的成因及預防方法，想必災害只會愈來愈嚴重。時至今日，我認爲應該只有甚少的人們會認爲災害來自上天的懲罰，所以只要祭拜安撫神明，就可以免去災害。但是，卻有爲數不少的人仍會主張除了科學知識之外，神祕力量的威力依舊是不可忽視的，顯見羅素所提到的這類偏見仍深植人心，要想完全去除並非一朝一夕之功。爲了說明科學需要擺脫這樣的偏見，羅素舉了一個許多人深信但在科學上毫無解釋力的假設，即靈魂的存在。事實上，如果我們仔細而審愼地思考，靈魂一說的確無法說明人類疾病的成因或者是情緒的喜悲等等，當我們要理解這些疾病時，最好是排除這類的解釋，以免把疾病歸咎於上天懲罰無德之人的報應，讓人們在承受疾病的痛苦之外，還要額外承受無德的指責。第二個課題則是羅素一向支持的自由主義觀點，包括宗教自由、言論自由、出版自由等，然而常常與這些自由相對的是政府的權力，因此，要保障這些自由必須限制政府的權力，羅素認爲在理想上應該要趨近於約翰・洛克（John Locke）所思考的問題「怎樣使最大程度的自由調和不可沒有的最小程度的政府管理。」個人自由與政府權力的調和機制就在於掌握政府權力的人在制度上必須會害怕受到懲罰，這裡所謂的懲罰包括任期制的建立，這樣政治人物才會因爲擔心失去權力而不敢胡作非爲。而在〈有害人類的諸多思想〉中，羅素除了重申人類容易將自然的災害或個人遭到損害的原因歸咎於某種神祕力量的因素使然之外，還提到兩個重要的觀察，第一個觀察是戰爭帶來的傷害實在是太大了，尤其是許多年輕人犧牲生命在戰場上，對羅素而言，這無異於就是人類自我毀滅的方式，而人類這樣的惡行其實出自殘酷的天性，如同他所提到的詩句「狗也好。妻也好，樹也好，／打得愈凶，長得愈好。」而相信苛懲有助教化的想法正是一種危害人類的思想，相應於我們的時代，同樣也有許多人相信嚴刑峻法必定有助於社會安定，卻不曾思考這樣的觀點或信念究竟對人類而言是正向或者負向的影響較大，我認為羅素在這篇論文中的這些說法是很有啓發性的，我們可以藉由他的論述重新反思個人自由與尊嚴的課題。另外一個重要的觀察就是驕傲與優越感帶來的歧視，不管是種族之間的歧視問題，男性自以為是的優越感，或者是不同國家之間的相互蔑視，甚至是宗教上認為只有自己在執行神的意志的想法等等，這些都證明人類在不同的領域中會出現很多這樣的歧視觀點，但很多人無法自覺自己的歧視，甚至宣稱自己並沒有歧視只是表達眞正的事實而已。透過羅素論述這些會危害人類的觀點，我們必須深自反省，是否也犯了相同的錯誤卻不自知？

經歷第一次與第二次世界大戰的羅素，一直秉持著反對戰爭的初衷，舉出戰爭危害人類之犖犖大者，也以實際的行動著述論說戰爭的種種壞處，無懼於得罪當道而被解除教職，甚至身陷囹圄的困境，依然堅持自己通過哲學思辨獲得的信念，這樣的道德勇氣絕對是值得我們讚嘆且效仿的。

譯序

羅素在一九六七年出版的《羅素自傳》（*The Autobiography of Bertrand Russell*）的扉頁上附了一首小詩，題獻給「愛迪絲」（To Edith）詩曰：

我在漫長的歲月中
　尋求平靜，
我找到了心醉神迷及憂悶苦惱，
　我找到了喪心病狂，
我找到了寂寞孤獨，
我找到了嚙食人心的
　那種無知音之苦，
卻不曾找到平靜。
如今，既老而來日無多，
　我竟認識了你，

一旦認識了你，
我就同時找到了至樂與平靜。
我知道安息；
經過了如許寂寞歲月，
我深知生命與愛的眞諦。
現在，我如長眠，
必將心滿意足地睡去。

這首詩中所說的「平靜」，在英文中亦指「和平」，因此廣泛地說，他一生所見到的種種消極心態，未必只限於切身的感受；事實上，就他畢生的事業與文章而言，他也絕不是一個感情用事的人。他自幼嗜讀，在知識上往往見及於常人之所不能，況又健康長命，所以在生活體驗、人物往來、旅遊見聞各方面，都觸及到許多極關乎痛癢而每爲人所忽略的地方。這樣一個人，即使不是個哲學家，也大抵能夠脫落出個己小我的拘縛，而達到人群大我的超然。羅素既是二十世紀中少數有所「立言」——我們不必過於強調他那大聲疾呼的和平主義（pacifism）——的哲人之一，那麼，即以淺識窺蠡之，也得以揣知，他的前題是普遍的，而他的申論是理性的；易言之，他關切全人類的命運，說他認爲有益於世道人心的話。

他的出發點，是去找「世界的和平」，或者「個人的平靜」。這不免帶著他青年時代的熱情與理想，而與現實隔了一層，所以畢竟事與願違，徒然坐見戰後國際緊張局勢日甚一日，人文知識水平每況愈下，而無可奈何。然而，一個秉承正義感與良知的追求者，雖不必執著於「明其義不計其功」的迂拙價值觀，而將得失不加以批判地置之度外，卻至少可以信得過自己的路沒走錯，而換得愧疚感比較少些的健康心理。在漫長旅途中備嘗辛苦滋味——其中一定有的成分。是寂寞、煩惱與痛苦——以後，他回顧檢視，發現自己的心智仍然保持著某種平衡，想必感到欣喜而滿足。而在這份「最後收穫」裡，生命的堅韌與愛的充盈，也許就會顯得相當具體而完整吧。由一個理想主義者的抽象面，落實到經驗主義者（empiricist）的實在面。羅素走完了一段凡俗之人（因爲他不信宗教）所能走到的最大路程，從此安息，當然也就可以無所遺憾了。

羅素的理想主義（idealism），備見於他《羅素自傳》前言——〈我爲什麼而活〉（Prologue-What I Have Lived For）——一文，其中說：「支配過我一生的，有三個單純而極強烈的情操，即：渴望愛，追求知識，及爲人類苦難而悲憫不已。這些情操，有如烈風，任性地把我吹來吹去，越過苦惱之深洋，達到絕望之邊緣。……

愛與知識，只要能夠得到，都帶人走向天堂。然而悲憫之心總是把我拉回地上。因痛苦而發出的哭喊聲，在我心中迴響振盪。……整個世界裡全是孤獨、貧窮與痛苦，使得莊嚴的人類生命淪爲笑柄。我但願能撫慰那不幸者，而卻不能，於是也跟著受難。」

在三十八歲以前，羅素所熱衷的是知識。他想要弄清楚，人對於事物是否確有所知。他出於懷疑主義（skepticism），認爲知識的大部分都有理由加以置疑。然而，他又希望獲得確信，其如宗教信仰那樣。於是他鑽研數學，卻發現其中也多的是謬誤；他因此想起大象與烏龜的寓言：他先造一頭大象，好讓數學立足其上；接著，他發現大象搖搖欲倒，就再造一隻烏龜來支撐它。可惜烏龜也不見得較爲牢靠。經過二十年的辛苦努力，他對數學已無能爲力。就在這時候，第一次世界大戰爆發，他就轉而關切起人類的悲慘與愚行。他的事業也由是進入第二個階段，就是盡一切他所能爲的，來幫助世人創造一個比較幸福的世界。

他頗爲樂觀，因爲他有一個信念：知識、耐心與言論早晚能引導人類脫離困境。後來他年紀大了，知道事情沒那麼單純，但是始終不相信人是生來要吃苦的宿命觀（fatalism）。他認爲，人因爲駕御自然有所不逮，所以才有貧窮、災殃與饑荒。又以爲，人類彼此仇視，始有戰爭的壓迫與折磨。此外更有種種迷信，使人內心混亂，而爲物質的繁榮所無從造福。現代社會可以克服這一切，可是仍然不幸，即是因爲難以擺脫無知、惡習與魔性。世人因循故常，寧可抱著絕望，面對無可奈何的事實，卻不憑藉知識與能力來喚起希望。在他的後半生裡，情形愈來愈糟，使他沒辦法再把維多利亞時代（Victorian era）的樂觀視爲當然。原來，十九世紀的文明，不過是過去野蠻及未來野蠻中間的一段插曲而已。從前管用的一切想法，如今都不管用了。其如自由，不唯難以保存，甚而成爲災禍之源。足見在這個過去爲美好的觀念上，還要加上新的思想、新的希望，乃至新的限制。

羅素的淑世觀（meliorism），終於不得不碰上社會與政治這個棘手的題目。他由過去的君權專制及今天的共產獨裁中，看到了哲學獨斷論／教條主義的流毒，乃揭舉洛克的經驗主義的知識論（epistemology）來加以化解。他以這個不取武斷嚴密的思想立場主張自由主義，並進而鼓吹民主主義（democracy）。在理論上，他甚至對民主也有所保留，那就是：不可流於狂信，否則，又何異乎他所反對的一切？當然，自由也必須受到法律的限制，納個人、國家（政府）及列國於一個法律結構以內。而這也就是文化上的國際主義（internationalism）之延長，只可惜——在羅素看來——這一興起於十九世紀的趨勢，已在二十世紀衰落。

二十世紀出現了另一場「宗教戰爭（religious war）」，這種現代宗教名叫「意識形態（ideology）」。於是，一線希望消失，世人又在其所居各國宣傳的教條之下分道揚鑣，並走上互相敵對與殘殺之路。在羅素看來，現代政府，特別是那些寡頭式的，操縱了宣傳與教育（後者實爲前者的附庸），眞是無往而不利，爲從前所不見。這些政權，以並無眞理在內的陳腔濫調，支配政治措施，左右人民的信仰，並驅策他們走上荒唐可笑而又恐怖可憂的未來。看樣子，理性一時是難以恢復了，除非再來一次慘痛的教訓……可是，那大概是全人類甚至地球的毀滅！

由柏拉圖（Plato）的烏托邦（utopia），黑格爾（G.W.F. Hegel）的歷史辯證（historical dialectic），馬克思（K. Marx）的唯物史觀（materialist conception），以及其他名異而實同的各種政治及意識形態教條（包括他見諸西方各國的倒行逆施在內），令羅素憂心如焚，從而振筆疾書，成了一個不折不扣的著作等身之人。他活得夠長，所以也寫得夠多，至於成就如何？他以夫子自道，在《羅素自傳》的「後記」中如此分析了一番：

「我的工作已近結束（按，他這時候大概七十出頭了），該是作總檢討的時候。我做到了什麼程度？而做不到的，又到何種程度？我早年就以獻身自許，要從事重大而艱鉅的工作。將近四分之三世紀以前……我就決定要寫兩套書：其一抽象，逐漸變得實際；另一實際，逐漸變得抽象。然後，結合純粹理論與實踐社會哲學，再加上一頂綜合的帽子。這兩套書我都寫了，唯獨那最後的綜合，還可望而不可及。我寫的書，有人喝采，有人稱道，而且影響了不少男女的思想。就此而論，我是成功的。」

羅素顯然是以這段話來論定他自己的一生，而所言實恰如其分。不過，他後來又活了二十多年，當然又寫了更多的書。那麼，他在說這話時，心中如果還有什麼遺憾（事實上，他自言有「內外兩種失敗」），想必都可以及時加以彌補了。他前後寫作不輟凡七十餘年，重要著作多達六十餘種，幾可說每年都有新書問世。

這本書我現在已經把它譯出，並經出版者斟酌定名爲《人類的將來》（*Unpopular Essays*）。譯者除了竭盡棉薄所能，把理路搞清，並用很白的文字交代出來以外，並且費了不少勞力（搬參考書），做了必要的名詞註解及一些可供參考的詮釋，以便讀者能夠相當輕鬆地加以閱覽，順便還可逛一逛觀念歷史的古董市場，增添讀書的樂趣。謹爲之序。

譯者一九八五年元月於臺東岩灣

前言

本書所收各文，大半寫成於過去十五年內，旨趣所在，是要多方面攻訐態勢日茁的獨斷論，無論那是右派的或左派的，總之是這個悲劇性世紀一向所常有。這些文章都本乎這一嚴肅目的而寫，其中有的地方顯得輕率，那是因為：要想鬥得過那些道貌岸然而且高高在上的人，靠更加的道貌岸然與更加的高高在上，是不行的。

書名要略加說明①。我在拙作《人類的知識》（*Human Knowledge*）的「序文」中說過：我的文章不是只為專業哲學家寫的，又說：「眞正的哲學，要談一般受教育大眾關切的問題。」書評家拿我開刀，說他們覺得此書中有的地方難懂，言外之意是：我說的那些話，是存心讓讀者上當。我眞不希望再一次遭受這種非難；我因此坦白：這本文集裡面，有幾句話，由笨得離奇的十歲兒童來讀，或許會暈頭轉向。根據這一理由，我不敢自美地說：這幾篇文章是大眾化的；既然不是大眾化的，就名之曰「非大眾化」吧！

一九五〇年四月　羅素

---

① 原名 *Unpopular Essays*，意為「非大眾化論文集」。中譯名用第三章的標題〈人類的將來〉作為書名，取其淺顯又大眾化，較易被讀者接受。

目次

導讀/傅皓政 1
譯序 1
前言 1
第一章 哲學與政治 1
第二章 給門外漢的哲學 31
第三章 人類的將來 47
第四章 哲學動機探微 59
第五章 被壓迫者的美德 77
第六章 論做個有現代意識的人 87

第七章　知識垃圾的概況 …… 95
第八章　教師的職能 …… 145
第九章　有益人類的諸多思想 …… 159
第十章　有害人類的諸多思想 …… 185
第十一章　論平生所識著名人士 …… 207
第十二章　訃聞（一九三七年） …… 217
羅素年表（一八七二－一九七〇） …… 221
索　引 …… 229
一、人名索引 …… 230
二、名詞索引 …… 237

第一章　哲學與政治

在現代歐洲各國民當中，英國人顯得突出，他們儘管哲學家輩出而成就卓越，卻又輕視哲學。這兩方面都顯出了他們的智慧。然而他們對哲學的輕視，竟而到了有條理有體系的程度，那本身就成了一種哲學了；這種哲學，在美國，就叫做「工具主義（instrumentalism）」。哲學假如是不好的，就是危險的，要敬而遠之，就像我們看雷電與老虎一樣。至於「好的」哲學該得到怎麼樣的敬意，我把這個問題當作是未解決的，把它暫時擱下。

我要論述的主題，是哲學與政治學（politics）之間的關係，這在英國不如在歐陸各國來得明顯。概括地說，經驗主義是跟自由主義有關聯的，可是休謨（David Hume）①卻是一位保守黨人；哲學家所說的「觀念論（idealism）」，一般認爲跟保守主義（conservatism）有關聯，然而T．H．格林（T.H. Green）②卻是一位自由主義者（liberal）。在歐洲大陸上，凡事都區分得比較清楚明白，因此，一向也比較容易整個接受或排斥一種學說，而不把每個分開部分做批判地細查。

在大多數時代的各文明國家裡，哲學這個問題，大抵都包含當道官方意見之可否，至今除了自由民主普及的地方，這情形並沒有變。天主教會跟阿奎那（St. Thomas Aquinas）③

---

① 休謨（David Hume, 1711-1776），英國經驗主義哲學家。著有《人性論》等。
② 格林（T.H. Green, 1836-1882），英國新黑格爾派觀念論哲學家。著有《倫理學導論》。
③ 阿奎那（St. Thomas Aquinas, 1225-1274），中世紀經院哲學家，重要著作有《異教徒駁議輯要》等。

的哲學有瓜葛，而蘇維埃政府跟馬克思④不能分。納粹黨徒崇尚德國的觀念論，不過他們忠實於康德（I. Kant）⑤、費希特（J.G. Fichte）⑥或黑格爾⑦的程度，並沒有人說得明白。天主教徒、共產黨員與納粹黨徒，全都認爲：他們在實踐政治學上的見解，跟他們在理論哲學上的見解密切相關。主張民主的自由主義，就其早期的成就而言，跟洛克⑧發展出來的經驗主義哲學有關聯。我要討論的，是事實上存在的這種見諸各哲學及各政治體系之間的關係，同時要探討，這種關係到何種程度可以說是正當的和合邏輯的；以及，這種關係，即使是不合邏輯的，其心理上的必然性又到何種程度。無論就哪一種關係來說，一個人的哲學必有實踐的重要性；因此，一種普及的哲學，跟大群人類的幸福或悲慘，就會有一種密切的關聯。

「哲學」這個名詞，是沒有確定含義的語詞之一。就像「宗教」這個名詞，有時候用以說明歷史上各文明的某些特色，同時也用以指示一種研究，或一種令人以爲可取的心態。在西方民主世界各大學中所探求的哲學，是一種知識的追求，至少在意圖上是如此，以求達到

---

④ 馬克思（K. Marx, 1816-1883），社會主義思想家，著有《資本論》等。
⑤ 康德（I. Kant, 1724-1804），德國著名哲學家，代表作有《純理性之批判》。
⑥ 費希特（J. G. Fichte, 1762-1814），德國哲學家，著有《告德意志同胞書》等。
⑦ 黑格爾（G.W.F. Hegel, 1770-1831），德國著名哲學家，著有《歷史哲學》、《精神現象學》等。
⑧ 洛克（John Locke, 1632-1704），英國經驗主義哲學家，著有《人類悟性論》。

某種超然的態度，有如科學裡所追求的那樣，卻不應當道的要求，去獲致各種方便於政府運用的結論。許多哲學教師，不但絕不願意去影響他們學生的政治觀念，抑且不接受以哲學教化德性的看法。他們會說，這跟哲學家毫無關係，就如跟物理學家與化學家沒關係一樣。他們會說，大學的教導應該以知識爲唯一的目的；德育應該交給家長、中學校長跟教會去做。

但是這種我十分贊同的哲學觀，最近才有，而即使在近代世界裡，也並不普遍。另有一種大爲不同的見解，自古以來就占優勢，而使哲學受惠，有了社會及政治上的重要性。

按這種歷史上尋常含義來說的哲學，起於要把科學與宗教融會成一體的企圖；說得更確切一點，就是要把一種學說跟一種實踐倫理（practical ethics）結合在一起；前者探討宇宙的本質及人在其中的地位，後者以認定的最好生活方式教化人民。有一個事實使得哲學跟宗教有別，那就是：至少在名義上來說，哲學不依靠權威或傳統。也有一個事實使哲學有別於科學，那就是：其主要目的所在，在告訴人怎麼去生活。其各種宇宙論及倫理論，都是密切相關聯的：有時候，哲學家的倫理動機，影響到他對宇宙本質的看法，有時候，他對宇宙的見解。又使他達到某些倫理的定論。就更大多數哲學家來說，倫理上的意見涉及政治上的後果：有的看重民主政體，有的看重寡頭政權；有的頌揚自由，也有的主張紀律。哲學裡的各種類型，幾乎都由希臘人發明出來，因此，我們今天的種種爭論，早就活潑於蘇格拉底

（Socrates）[9]以前的哲學家之間。

倫理學與政治學的根本課題，就是要尋找一種辦法，調和社會生活的需要及個人的願望。這個目的得以達成，有賴於各種不同方法。政府可以使用犯罪法，來防止那些不服政府者的反社會行爲，而宗教可以拿不順服就是不敬神來教訓人，從而加強法律的效能。至於一種有影響力的僧侶制度，可以強迫凡俗的統治者接受其道德規章，甚至使統治者本身都要在某種程度內受到法律的約束；這方面的例子，在《舊約》（*Old Testament*）以及中世紀歷史中都很多。有些君王由衷相信這個世界是在神的管理之下，而且相信來世生命裡的獎賞與懲罰，就會覺得，自己並非全能，而且也不能夠犯罪卻不受懲罰。《哈姆雷特》（*Hamlet*）裡面的國王，表明了這種感受，他把神的公義跟世俗的法官加以對照，前者是絕不循私的，而後者則卑屈於帝王的權力之下。[10]

哲學家在討論社會內聚性之保存這個問題時，他們所尋找的解決辦法，不會像各公認宗教所提出的辦法那樣，明顯仰賴於教條。大部分哲學一向是對於懷疑主義的一種反應；在哲

---

⑨ 蘇格拉底（Socrates, 470-399B.C.），希臘哲學家。西元前三九九年受審，被判死刑，柏拉圖、色諾芬係其大弟子。

⑩ 莎士比亞《哈姆雷特》第三幕第三場。

學興起的各時代裡，權威往往不再能夠提出社會所必需最低程度的信念，因此，不得不由人發明一些名義上合理的說法，以獲致同樣的效果。這個動機造成了一種深刻的不誠實，流毒古代及近代的大部分哲學。有一種往往不自覺的恐懼，即以為清楚明白的思想，會造成無秩序的混亂，而這種恐懼使得哲學家躲藏在謬誤及曖昧的煙霧之中。

例外的情形，當然向來都有；古代的普羅塔哥拉斯（Protagoras）⑪及現代的休謨，是最有名的例子。他們兩人，都因為懷疑主義而在政治上成為保守的。普羅塔哥拉斯並不知道神是否存在，可是他主張說：不論如何，祂們應得敬拜。照他的說法，哲學沒有什麼有益於教導，而為了道德的維繫，我們必須信賴大多數人的不思不想，以及他們樂意相信所授所教之一切的態度。因此說來，絕不可輕舉妄動以削弱傳統的通俗勢力。⑫

---

⑪ 普羅塔哥拉斯（Protagoras），西元前五世紀時希臘哲學家。著有《論眞理》、《論神》等。

⑫ 羅素在此章中就歷史觀批評哲學，以申論過於濃縮，外行讀者——包括譯者在內——難免有無頭緒之感。乃於譯後，反覆推敲，具一心得，略布於此，以為芻蕘：歷來哲學，大抵迎合世俗及政教權威，故有名而無實，甚或不落於獨斷論，即流於謬誤曖昧。例外者如休謨，初自懷疑出發，至發現與大勢全面衝突，知其不可，即成為政治上的保守者，使理論與實踐分開，並另立便於役用之倫理觀。唯經驗論者則就事衡理，以功利觀調和理想，始使哲學與政治發生合於邏輯之正常關係，而裨益民主主義之發展。以上管窺，容有錯謬，尚祈方家之教。

就某種程度而言，我們也可以拿這話來說休謨，他在提出了他那些懷疑結論以後，就表示說，人不能靠這些來生活，接著就提出一種實踐的忠告，這個忠告，如果有人奉行，那就不會有人去讀他的作品了。他說：「唯獨粗率與輕忽（carelessness and inattention）能夠給我們一點矯治，我因爲這個理由全然信賴它們。」在說這話的時候，他並沒有提出他做一個保守黨員的理由，但那顯然就是這種「粗率與輕忽」。這兩種態度，雖然會使人默認現狀，卻不會使一個人自動地去支持各種革新。

霍布斯（T. Hobbes）[13]雖然在懷疑態度上不如休謨，但同樣相信政府並沒有神授的起源，而且也同樣——因爲走在不信神的道路上——支持極端的保守主義。

普羅塔哥拉斯是由柏拉圖[14]所「應答（answered）」[15]，而休謨是由康德與黑格爾。每一次，哲學界都大感安慰，而且避免過於認眞地去考察那「應答」的知識妥當性。這在上述兩個例子中，都具有理論的以及政治的結論——但就對於休謨的「應答」而論，發展出種種

---

⑬ 霍布斯（T. Hobbes, 1588-1679），英國哲學家。重要著作有《利維坦》（*Leviathan*），利維坦是《聖經》中記載的一種巨大水生怪物，霍布斯用它比擬國家。

⑭ 柏拉圖（Plato, 427-347B.C.），希臘哲學家，著《對話錄》。

⑮ 原文：Protagras was "answered" by Plato……。

「政治性」結論的，不是自由主義的康德，而是反動的黑格爾。

然而，澈底的懷疑主義者（skeptic），其如普羅塔哥拉斯與休謨，從來都不是有影響力的，主要爲反動（保守）主義者利用，當作恫嚇百姓的東西，使相信不合理的獨斷論。柏拉圖與黑格爾必須與之一爭的眞正有勢力的對手，並不是懷疑主義者，而是經驗主義者，其中一個是德謨克利特（Democritus）[16]，而另外一個是洛克。在每個例子裡，經驗主義都使人想起民主，而且都多少帶上一種功利主義的倫理。在每個例子裡，那取而代之的新哲學，都自命是比較高尚的，比較深刻的，勝過其所取代的那以平凡常識爲內容的哲學。在每個例子裡，那新哲學，奉一切最崇高知識的名義，自任鬥士，擁護不公正與殘酷，並且反對進步。就黑格爾的情形論，這已經多少爲人所認清；而以柏拉圖的情形論，那還只是一個是非難定論，雖然波普爾博士（Dr. K.R. Popper）[17]在其近作中[18]以精采議論加以倡說。

---

⑯ 德謨克利特（Democritus，460前後-370B.C.前後），希臘哲學家，創「原子說」，並以爲人生的眞正目的，係藉內心寧靜獲致幸福。

⑰ 波普爾博士（Dr. K. R. Popper, 1902-　），英國科學哲學家，出生於奧地利。現任爲倫敦大學擔任哲學教授。

⑱ 《開放社會及其敵人》（*The Open Society and its Enemies*）。我（羅素自謂）在所著《西方哲學史》中亦持同說。

照第歐根尼・拉爾修（Diogenes Laertius）[19]所說，柏拉圖曾經表示，德謨克利特所寫的書，很多應當燒掉；他的願望完全實現了，以致德謨克利特的作品一本也沒存留下來。柏拉圖從未在他的《對話錄》裡提到過他，亞里斯多德（Aristotle）[20]一筆帶過他的學說；伊比鳩魯（Epicurus）[21]把他通俗化；到最後，盧克萊修（Lucretius）[22]再把伊比鳩魯的學說寫成韻文。盧克萊修的作品，靠了一種機緣湊巧，而僥倖存留下來。要想根據亞里斯多德的議論及盧克萊修的詩歌，來重建德謨克利特的學說，是不容易的；這就有如：要根據洛克先天理念否定說（refutation of innate ideas）及豐恩（Vaughan）[23]「我在那天晚上看見永恆」這句詩，來重建柏拉圖的思想。雖然如此，要解釋及譴責柏拉圖對他的宿怨，倒是十足做得到的。

德謨克利特（跟留基伯〔Leucippus〕[24]一起）要以原子論（atomism）的創立人而出

---

⑲ 第歐根尼・拉爾修（Diogenes Laertius），西元三世紀半羅馬哲學家。

⑳ 亞里斯多德（Aristotle, 384-322B.C.），希臘哲學家，著有《物理學》、《詩學》等。

㉑ 伊比鳩魯（Epicurus，341前後-270B.C.前後），希臘哲學家，創享樂主義。

㉒ 盧克萊修（Lucretius, 96-55B.C.），羅馬詩人，著有《論物性》。

㉓ 豐恩（Vaughan, 1922-1995），英國詩人，有詩抄傳世。

㉔ 留基伯（Leucippus），西元前五世紀希臘哲學家，生平未詳，唯知與德謨克利特同代而稍長。

名；他當時不顧形上學者的反對，而提出這項學說——而後者的繼承者，一直到笛卡兒（R. Descartes）[25]與萊布尼茲[26]，都一再提出反對。不過，他的原子論，只是他全部哲學的部分而已。他是一個唯物論者（materialist），是一位決定論者（determinist），是一位自由思想家，一位厭惡一切強烈情緒的功利主義者（utilitarian），一位在天文學（astronomy）及生物學兩方面都相信進化原理的人。

德謨克利特有如十八世紀中那些抱著類似見解的人們，也是一位熱心的民主主義者（democrat），他說：「寧取民主裡的貧窮，不取專制下的所謂繁榮，一如自由之優於奴役。」他跟蘇格拉底及普羅塔哥拉斯是同代人，而且跟後者同鄉。他活躍於伯羅奔尼撒戰爭（the Peloponnesian war）[27]的最初幾年當中，但很可能在戰爭結束以前就已亡故。那場戰爭的焦點，就是泛希臘世界中所發生的民主政治與寡頭政治（oligarchy）之間的爭鬥。斯巴達爲寡頭政治而戰，柏拉圖的家族與朋友也如此，他們因此就成了當時的賣國賊。有人認爲，他們的通敵行爲，造成了雅典的失敗。在那次戰敗以後，柏拉圖就著手構想一個烏托

[25] 笛卡兒（R. Descartes, 1596-1650），法國哲學家，著有《方法論》。
[26] 萊布尼茲（G.W. Leibniz, 1646-1716），德國哲學家、物理學家、數學家。
[27] 伯羅奔尼撒戰爭（the Peloponnesian war, 431-404B.C.），雅典與斯巴達之戰。

邦，來頌揚勝利者，其中的主要特色，都是依據斯巴達的體制而來的。不過，他的文筆實在太好，以至於自由主義者始終未覺察到他的反動傾向，一直到他的門徒列寧（Lenin）跟希特勒（Hitler），才以實際行動做註解，把這一點提示出來。㉘

有人說，柏拉圖的《理想國》（*Republic*），就其政治方面來說，應該受到體面人士的稱道，這說不定就是附庸風雅在歷史上最令人吃驚的一個例子。我們不妨來推敲一下這位極權主義者（totalitarian）論文中所說的幾點。其中說，教育居先於一切，而其主要目的，是培養作戰的勇氣。爲了達到這個目的，那就勢必要嚴格檢查母親跟保姆說給幼兒聽的故事；荷馬（Homer）㉙的作品是不可以讀的，因爲那位墮落的詩人寫到英雄落淚而眾神說笑；戲劇必須禁止，因爲其中有惡棍與女子；音樂只可限於少數幾種，而以現代來說，只要唱愛國歌曲就行了。政府是要交託在一小撮獨裁者（dictator）手中，他們都要懂得欺騙與說謊——爲了優生學上的目的而抽籤，要運用欺騙的手段，而且要巧編謊言，來說服民眾：高低階層之間有生物學上的差異。最後，因爲兒童的出生，並不符合政府在抽籤裡做手腳所獲致的結果，所以要有一種大幅度地殺害嬰兒的措施。

㉘ 我於一九二〇年將蘇維埃政府比作柏拉圖的《理想國》，共產主義者及柏拉圖主義者同表憤慨。——原註

㉙ 荷馬（Homer），西元前七世紀以前的希臘詩人。著有《奧德賽》及《伊利亞德》史詩。

他告訴我們說，在這個社會裡，人民是否幸福是無關緊要的，因爲優秀在於全體，而不在於部分。柏拉圖的理想城市，是那設在天上永世之城的一個副本；或許，我們在天上應該享受其所提供給我們的那種存在，但如果我們不在地上享受它，我們也糟不到哪裡去。[30]

這種制度的說服力，是來自貴族偏見及「神道哲學（divine philosophy）」兩者的結合；如果沒有後者，它顯然是令人難以接受的。這種話把美善的及不改變的存在說得那麼動聽，會催眠讀者而默認一種教訓：聰明人應當統治大家；又，他們的目的應當就是「維持現狀」，就如天上的理想狀況永久不變。對每個有強烈政治信念的人來說——希臘人的政治熱情是讓人驚奇的——所謂「善良的人」，當然是自己黨派裡的同志；再者，如果他們能夠將他們所願望的體制締造成功，進一步的改變即無必要。這是柏拉圖的想法，可是他用一種形上學（metaphysics）的煙霧把他的思想隱藏起來，而使其具有一種不切身又無利害的外表，欺騙了世世代代的人類。

柏拉圖根據巴門尼德（Parmenides）[31]的學說，再加上他的觀念理論，把這種靜態完美

---

[30] 此段旨在闡明：這樣一個社會實無可取之處。在天上則不論，在地上大可不必，蓋對個人乃至一般人民之幸福無所加。

[31] 巴門尼德（Parmenides, B.C.540前後-　），希臘哲學家。著有《自然史》，今剩餘片斷。

的理想具體化。現在大家都認清，這不適用於人類。人是一種不安寧的動物，他不會像大蟒蛇那樣知足，每個月只要飽食一頓，而在其餘的時間睡覺。人生幸福所需，不僅是有所享受而已，還要有希望與圖謀以及變化。霍布斯說得好，「吉慶之事在於興而不在於得」。在現代哲學家當中，永久不變之幸福這種理想，已經由進化理想所取代。照這個理想，那就應該有一個指向一定目標的循序漸進；那個目標是永遠不能完全達到的，至少到現在還沒有達到。這種對未來展望的改變，部分是由於以動態取代靜態。這是由伽利略[32]開始的，而且一天比一天更影響到一切現代的思想，無論是在科學方面還是在政治方面。

改變是一回事，進步又是一回事。「改變（change）」是科學的，「進步（progress）」是倫理的；改變不容置疑，而進步卻是一件可以爭論的事情。讓我們首先來談談見諸於科學中的改變。

在伽利略的時代以前，天文學家都跟著亞里斯多德走，相信月亮以及天空裡的一切既不改變，也不敗壞。從拉普拉斯（P.S. Laplace）[33]以來，有聲望的天文學家都不抱這個看法。我們現在相信：星雲、星以及行星，全都在逐漸地發展。有的星，其如天狼星的衛

㉜ 伽利略（Galileo Galilei, 1564-1642），義大利物理學家、天文學家，創「地動說」。

㉝ 拉普拉斯（P.S. Laplace, 1749-1827），法國天文學家及數學家，著《論天體運行》。

星，都是「死的」；它們一定遭受到一種觸媒，以致所輻射出來的光與熱大量減少。我們自己這個星球，雖然受到居住其間的哲學家的過分關懷，從前是熱得不能維生，而將來會變得太冷。經過無數年代的演進，這個地球產生過沒有害處的三葉蟲以及蝴蝶，後來又產生了尼羅王（Nero）[34]、成吉思汗（Genghis Khans）[35]與希特勒。不過，這只是一場匆匆而過的惡夢；不久的將來，地球又會再度變得不足以維繫生命，那和平就將重回大地了。

科學能夠給人的，就是這個沒有目的的蹺蹺板，但是這不曾滿足哲學家。他們倒承認，發現了一個進步的公式，顯示出：這個世界變得愈來愈討他們喜歡了。這樣一種哲學的配方，是單純的。這樣的哲學家，首先弄明白，現在這個世界裡有什麼東西令他快樂，又有什麼給他痛苦，然後把這些事實做一個仔細的選擇，再向他自己說服：這個宇宙受一個普遍律則的支配而發展；他認爲愉快的事情日有所增，而他認爲不愉快的一切則日有所減。其次，既然形成了他這個進步律（law of progress）以後，他就轉而向大眾說：「命運註定，這個世界必然照我所說的發展下去；因此，凡是願意站在得勝一邊的人，以及不想跟那不可避免的仇敵進行無益戰爭的人，一定要加入我的黨派。」但是反對他的，就被指爲不懂

[34] 尼羅王（Nero），羅馬皇帝。殘虐淫蕩之暴君。掌權於西元五十四至六十八年。
[35] 元太祖，崛起於十三世紀中，建立橫跨歐亞之帝國。

哲學、不懂科學，而且落伍；而凡是和他同意的，就覺得勝券在握，因爲宇宙就站在他們那邊。同時，那得勝的一邊，出於某些到現在還莫名其妙的理由，儼然成爲美德一方的代表。

首先把這個見地充分發展出來的，是黑格爾。黑格爾的哲學是那麼古怪，所以大家會以爲，頭腦清楚的人是不會接受的；事實卻不然。他一開始就說許多晦澀曖昧的話，以致世人以爲，那必定深奧。那本來用單音節的字就可輕易說明，但這麼一來，其中的荒謬就顯露無遺。以下所說，不是一幅諷刺漫畫，雖然黑格爾派的門徒，一定會認爲如此。

概括而言，黑格爾的哲學有如下述。眞正的實在不具時間性，其如巴門尼德及柏拉圖所言，然而，另外有一個表面的實在，則由時空日常事件構成。眞正的實在，只能藉著邏輯來判定其個性，因爲不會自相矛盾的可能實在只有一個。這就叫做「絕對理念（The Absolute Idea）」㊱。關於這，他提出下述的定義：「絕對理念。理念爲主觀及客觀理念之統一，是理念之概念——這個概念的對象就是理念本身，而其目標就是理念——這一個對象，包含一切特色於其統一中。」我實在不願意用什麼解釋的話，來破壞這句話的清澈明白，不過，

㊱「The Absolute Idea」此語在黑格爾哲學中，不作「絕對觀念」解，故譯作「絕對理念」。黑格爾所謂「絕對」，即一個獨立自在的整體，也即理念與現象的統一體。

其中的意思，說起來就是「絕對理念就是純粹思想在思考純粹思想。」黑格爾已經得意的證明，一切實在就是思想，因此推論，思想能夠想到的，除了思想別無其他，因爲沒有別的可以設想。有些人或許會覺得，這有一點枯燥；他們或許會說：「我喜歡思想霍恩岬㊲與南極以及埃弗勒斯峰以及安德羅米達大森林；我喜歡冥想，在未來世代，地球逐漸冷卻，而海水沸騰，火山在日夜之間不斷起伏。我懂你的規矩了，我首先要把那些舞文弄墨的教授們嘔心瀝血之作塞到心裡去，把人塞得透不過氣來；說眞的，如果這就是你所說的『幸福結局』，我倒認爲，讀那麼多書去達到它，是不值得的。」他們一邊說這話，一邊會跟哲學告別，從此都過著幸福的日子。

但是，如果我們同意這些人的想法，那我們對黑格爾就不公平了，這是萬萬不可的。因爲黑格爾會向我們指明，「絕對（Absolute）」固然就像亞里斯多德的神，除了自己以外絕不思考其他，因爲它知道，其他的一切都是幻覺，可是我們呢，我們不得不生活在這個現象世界（the apparent world）裡，做時間的奴隸，只看得見局部現象，偶爾在靈光顯現的片刻朦朧中領會到全體；我們，全都是處於幻覺的產品，乃不得不把霍恩岬想成是本身自存的，而不僅僅是神心意中的一個理念。我們思想我們想到霍恩岬時，出現在實在裡的情形

㊲霍恩岬（Cape Horn），南美洲最南端。

是，那「絕對」意識到一個霍恩岬式的思想。它確實有這樣一個思想，或毋寧說，有那無時間性地思索無存在之思想的這一方面，而這就是屬於霍恩岬的唯一實在。但是，可惜我們達不到如此高超的境界，那我們還不如按照普通地理常識來思想的好。

有人也許會說，這到底跟政治有什麼關係呢？乍看之下，或許關係不大，不過，對黑格爾來說，關係顯然。照他的形上學來說，眞正的自由在於順服一個爲所欲爲的權威，而言論自由是一種邪惡，而絕對君權是好的，而普魯士是他寫作當時最好的國家，而戰爭是好的，而且爲了和平解決爭端設立一個國際組織，會成爲一種災難。

有些讀者很可能馬上看得出來，這些結論怎麼來的，因此我要請他們原諒，因爲我要在這裡費詞一說中間的幾個步驟。儘管時間不眞實，那些構成歷史的一連串現象，卻跟「實在（Reality）」有一種不可思議的關係。黑格爾藉著一種純粹邏輯上的過程來發現「實在」的本質，這個過程叫做「辯證法（dialectic）」，此法在於發現各抽象理念之間的種種矛盾，同時又以減少抽象性質來加以匡正。這些抽象觀念裡的每一個，都是「理念（The Idea）」[38]發展中的一個階段，最後的階段，就是「絕對理念」。

---

[38] 「The Idea」此在黑格爾哲學中不指一般觀念或意念，乃爲特指，故譯爲「理念」。在黑格爾哲學中，普通性與特殊性統一，本質與現象統一，成爲具體的客觀存在後，概念才變爲「理念」。

說來真奇怪，歷史的時間過程竟然一再反覆辯證法的邏輯發展，至於其理由何在，黑格爾從未加以透露。我們也許可以這樣設想，既然形上學自稱適用於一切「實在」，那麼與之平行的時間過程，就是宇宙全體，而非其一部分：亦即純係現世，在有紀錄的歷史範圍以內，也在黑格爾所知道的歷史範圍以內（這會顯得令人難以置信）。不同國族在不同時代所具現出來的，正好是辯證法在這些時代達到的「理念」階段。關於中國，黑格爾只知道其「過去（was）」，因此他就拿中國爲實例，說明單純「存在（Being）」（有）這個範疇。關於印度，他只知道佛教徒相信涅槃（Nirvana），因此，印度這個實例說明了「空無（Nothing）」（無）這個範疇。希臘人與羅馬人，更要排在這張範疇單子的後面，但是他把所有後來各階段，都留給了日耳曼人；他們自從羅馬衰亡時代以來，一直是「理念」的唯一旗手，而且在一八三〇年幾乎已經實現了「絕對理念」。

凡是還懷抱著希望以人類爲一種多少有理性之動物的人，看到這種集荒唐之大成的成就，必定會大感驚訝。在他那個時代，他的體系，幾乎被所有受過學院教育的日耳曼青年採信；這也許顯而易見，因爲它曾助長日耳曼的自尊。更加令人吃驚的，是其在日耳曼以外獲得的成就。我年輕的時候，美英兩國大學裡的哲學教師，大都是黑格爾派，因此，等我讀到黑格爾時，我就認爲，他的體系裡面必然有眞理；不過，我後來覺悟了，因爲我發現，凡他所說論及數學哲學的話，都是一派胡言。

他對於馬克思的影響，尤其不可思議，後者接收了他那些最爲空想的教義，特別是以下這個信念：歷史依照一個邏輯設計而發展，而且知道利害，就如純粹抽象辯證法一樣，會設法避免自我矛盾。假如你懷疑這個說法，那麼你在這個地球上的大部分地方都會受到清算，此外，若干有名的西方科學家，政治上同情俄國，用特別的方式使用「矛盾」這個字眼，以表現他們的同情，而這是有自尊的邏輯學家所不敢苟同的。

我們若想弄清楚，像黑格爾這樣一個人，他的政治學與形上學之間的關係如何，我們就必須限制範圍，只談他所提出實踐綱領中幾個最普遍的特徵。說黑格爾頌揚普魯士，那是事出有因；他年輕時原本十分崇拜拿破崙，後來被普魯士政府僱用，這才變成了一個日耳曼愛國者。即使在他的《歷史哲學》（*Philosophy of History*）之最新版本中，他仍然提到亞歷山大（Alexander）、凱撒（Caesar）與拿破崙（Napoleon），因爲他們都偉大到夠資格可以自許免於道德律的約束。他的哲學強制他去讚美的，不是與法蘭西對立的日耳曼，卻是政府統轄之下產生的秩序、制度、規章與效率。他奉「國家」若神明，如果所說到的國家，竟然是拿破崙的專制國家，那同樣會令人感到詫異。照他自己的意見，儘管大多數人不知道這個世界需要什麼，他卻知道；一個強大的政府，不妨爲了至善而驅使百姓，而這正是民主國家之所絕不爲者。黑格爾的思想曾經受惠於赫拉克利特（Heraclitus）㊴，他說：「凡是牛

㊴ 赫拉克利特（Heraclitus），西元前六至五世紀，希臘以弗所城邦哲學家。主張變化爲唯一實在，而恆常爲幻覺。

羊，就得趕著上牧場。」無論是什麼情況，這種驅趕牛羊的做法，我們要弄個清楚；至於是否被趕到牧場去，則無關宏旨——對那些「牛馬」來說，自當別論。

黑格爾或馬克思今日門徒倡導的那種獨裁體制，顯然僅在理論上根據未經質疑的教條而成立。假如你確實知道，依宇宙跟人類生命的關係而言，其目的是什麼，將來會發生什麼，以及什麼有益於人民（即使他們並不以爲如此）；假如你能夠如黑格爾那樣說：他的歷史理論，是「『我』剛好知道的一個結果，因爲我到過了這整個地方」——那麼你就會覺得：無論什麼樣的威迫，只要它帶我們達到目標，都不算過分。

唯獨經驗主義這種哲學，在理論上爲民主主義做辯護，而且在氣質上跟民主主義調和一致。就現代世界而論，洛克也許可以說是經驗主義的創立人；他明白地說，這跟他對自由與寬容的見解十分有關，又跟他反對絕對君權有關。他再三強調，我們的知識大多不確切，他的意思並非如休謨那樣的懷疑一切，而是要使人明白到：他們都「會」犯錯，而且明白到：他們跟意見相左的人討論時，應該考慮到這種可能性。他曾經見過種種人爲的惡行，其中有各教會宗派的「熱心」所造成，也有君權神授這個獨斷論所造成；對這兩者，他提出一個片斷而拼湊的政治學說來加以反對，而要在每一處實踐成就上加以考驗。

按照廣義說，我們稱爲自由主義的政治理論，是商業上的一種反覆產品。最初的實例，見諸小亞細亞愛奧尼亞各城；他們當時的謀生之道，就是跟埃及與利底亞通商。到了佩里克利斯（Pericles）[40]時代，雅典商業興盛，而雅典人就成了自由主義者。後來，自由主義理想，經過一段長時期湮沒，復興於中世紀隆巴德各城市，而普及義大利全地，一直到十六世紀，才被西班牙人除滅。但是，西班牙人未克征服荷蘭，也不足以鎮壓英格蘭，因此，這兩個國家，就在十七世紀成爲自由主義的先鋒及商業上的領導人。到了我們今天，這領導權轉移到美國。

商業跟自由主義發生關係，有幾個明顯的理由。通商行爲使人接觸到彼此不同的種族風俗，於是就漸漸打破固陋的獨斷之見。買賣關係，是不受束縛雙方進行一種交涉；如果買者或賣者，能夠明白對方的觀點，那就是最有利的情形。當然，另外還有一種帝國主義（imperialism）的商業行爲，以刀尖逼著人買東西。然而，這不會產生自由主義哲學，而最足以繁榮後者的地方，乃是那些有財富而無強大軍力的通商城市。就今天而言，最近乎古代及中世紀各商業城市的，都在一些小國之中，其如瑞士、荷蘭與斯堪地那維亞。

就實踐而言，自由主義的信條，包括，自己活也讓他人活，以及公共秩序允許之下的寬容及自由，以及在政治綱領上的折衷及不落於狂信。即使是民主主義，一旦變爲狂信，

---

[40] 佩里克利斯（Pericles），西元前五世紀後半葉雅典政治家。

就不再是自由主義，其如法國革命中盧梭（J.J. Rousseau）[41]的門徒之所行所為；真的，民主主義中如果有了一種狂熱的信念，各種民主制度就不可能存在，其如見諸克倫威爾（Cromwell）[42]統治下的英國及羅伯斯比爾（Robespierre）[43]統治下的法國。誠實的自由主義者不會說：「這是對的」，他說：「我認為，在目前的情況之下，這個意見大概最好。」而也唯有本乎這個有所限制以及不獨斷的認識，他才會提倡民主主義。

關於自由主義者見解之妥當與否，理論哲學將有何說？

自由主義者的見解之本質，不在於他所主張的意見是「什麼」，而在於他「怎樣」主張它們：他們不以獨斷態度提出主張，卻做試探性的主張，而且在心裡面意識到，隨時會有新的證據出來，使他們放棄自己的見解。這正是在科學上提出意見的態度，而跟神學上提出意見的態度恰好相反。在尼西亞宗教會議（the Council of Nicaea）[44]上所做成的各種決

---

[41] 盧梭（J.J. Rousseau, 1712-1778），法國思想家，著有《懺悔錄》、《愛彌兒》等，為現代浪漫主義之先河，其影響所及，間接促使法國大革命之思潮及狂熱。

[42] 克倫威爾（Cromwell, 1599-1658），英國清教徒革命之首領，以軍事才能而於「清教革命」中出眾，從此擅大權，處決查理一世，為攝政，改憲法，為政殘酷而不寬容。

[43] 羅伯斯比爾（Robespierre, 1758-1794），法國大革命之首領，行恐怖之政。

[44] 尼西亞宗教會議（the Council of Nicaea），羅馬帝國為寬容基督教正統派而召開之會議。

定，而今仍有權威，可是，在科學方面，第四世紀的見解現在已經毫無分量了。在今天的俄國，馬克思據辯證唯物論（dialectical materialism）所提出的說法，沒有人加以懷疑，所以助長了一些遺傳學家的見解，據之研究如何獲得最好的麥種㊺，而在別的地方，大家都認爲：實驗才是解決這類問題的正確方法。科學是經驗的、試探的與不獨斷的；一切不允許反駁的教條，都不科學。因此而論，在實踐範圍裡，科學的見地，與自由主義的見地，是知識上相得益彰的同道。

最初將經驗主義知識論做詳細發展的洛克，他也宣揚宗教寬容、代議政體，以及靠制衡制度限制政府的權力。他的學說沒有什麼新鮮的，但是他愼重其事地加以發展，而且適逢當時英國政府也準備加以接受。他跟一六八八年其他人一樣，是一個並不熱心的反抗者，而他對無政府狀態以及獨裁專制，同樣厭惡。在知識的及實踐的事情上，他都支持不靠權威的秩序；這也許可以作爲科學及自由主義的共同標語。明白地說，秩序有賴於同意或贊成；就知識界而言，這涉及到，各種證據的標準，經適當討論，而成爲專家共同認定的一個尺度。在實踐界而言，其所涉及的，是各黨派得到機會陳述立場以後，對多數順服。

㊺ 見劍橋大學農學院 Hudson 及 Richens 二氏於一九四六年發表之「蘇聯的新遺傳學」（The New Genetics in the Soviet Union）。——原註

就這兩方面而言，他都恰逢其時。托勒密（Ptolemy）[46]學說與哥白尼（Copernicus）[47]學說之間的爭論，已經解決，因此各種科學問題的判斷，不必再訴諸亞里斯多德。牛頓[48]的勝利，似乎足以支持無限制的科學樂觀。

在實踐界，新教徒以及天主教徒之間的權力平衡，雖經一世紀半的宗教爭戰，並沒有什麼改變。開明人士，已經開始把各種神學上的爭論看成一種荒唐事情，其如史威夫特（Swift）[49]以諷刺筆法所描寫的大恩狄安人與小恩狄安人（the Big-endians and the Little-endians）[50]之間的爭戰。極端的新教徒各派，憑仗著內心的亮光，把原來所聲稱的「啓示（Revelation）」轉變成一種無政府主義勢力（anarchic force）。科學與商業上的各種吸引人的事業，招引精力旺盛的人轉移注意力，不去從事那種毫無結果的意氣之爭。他們都樂於接受這種邀請，於是造成了兩百年史無前例的進步。

㊻ 托勒密（Ptolemy），西元二世紀數學家、天文學家及地理學家，創「天動說」。

㊼ 哥白尼（Copernicus, 1473-1543），波蘭天文學家，創「地動說」。

㊽ 牛頓（Newton, 1642-1727），英國物理學家，創「引力說」。

㊾ 史威夫特（Swift, 1667-1745），英國小說家，著諷刺寓言小說《格列佛遊記》。

㊿ 大恩狄安人與小恩狄安人（the Big-endians and the Little-endians），《格列佛遊記》中所說的舊教徒及新教徒。

我們現在再度處於一個宗教戰爭的時代，但是這一種宗教，現在叫做「意識形態」。在目前，許多人都覺得，自由主義的哲學，過於溫馴，有如中年人：抱著理想主義的青年，尋找一種比較有勁的東西，一種能夠確切回答他們所有問題的東西。傳道活動應運而生；又因征服而出現至福千年（a millennium）[51]的盼望。簡言之，我們身不由己進入了一個捲土重來的信心時代（The Ages of Faith）。遺憾的是，原子彈這種殺人利器，比從前的火刑杜更加迅速有效，所以不可以放心地任其長久流連。我們必須懷抱希望：一種比較合理的見解得以普及人心，因爲，我們的世界若要存在下去，唯一的辦法，就是復興自由主義的試探性質及寬容。

介於獨斷論與懷疑主義之間的，就是經驗主義者的知識論——這也是我在有所保留的情形下支持的。它主張，一切知識幾乎都有可懷疑的成分，只是，這在所難免的疑惑，僅就純粹數學（pure mathematics）及當前感受到的各種事實而言，可以忽視。對於已成爲知識之事的懷疑，有程度上的不同；我最近讀了一本書，講述盎格魯・撒克遜（Anglo-Saxon）人入侵不列顛，我現在相信，亨吉斯特（Hengist）[52]確有其人，而對霍爾沙（Horsa）[53]十

---

[51] 至幅千年（a millennium），《舊約・啓示錄》預言地球末日以前基督復臨作王千年。
[52] 亨吉斯特（Hengist），西元前四世紀時，朱特族酋長與其弟霍爾沙率條頓人入侵不列顛南部。
[53] 霍爾沙（Horsa），見前條。

分懷疑。愛因斯坦（Einstein）的普遍相對論（general theory of relativity），大致上說來是正確的，但是在宇宙周界計算這方面，我們不得不預料，將來的探索會提出一個有所不同的結果。現代的原子理論（Atomic theory），既然能夠使我們製造原子彈，當然有實用的眞理在內：其種種結論，在那些輕浮的工具主義者看來，是「令人滿意的」。但是，不久以後，未必不可能有一個大爲不同的理論問世，而替所觀察到的事實做一個更好的解說。大家都認爲，各種科學理論，都是促使進一步研究的有用假設，而又由於含有某種眞理的元素，所以足可爲目前各種觀察提出一個概括的觀念；然而，腦筋清楚的人，並不認爲那都克臻完全而無可改變。

就實際政治範圍而言，這種知識態度有各種重要後果。首先，爲一相當可疑的未來之善使人負擔一相當確定的目前之惡，是不值得的。如果從前各時代的神學是全然正確的，就值得將大批的人送上火刑柱，以便活下來的可以上天國。但是，如果異教徒是否下地獄是可疑的，那麼這個迫害的理由就不妥當了。如果馬克思所說的未來世界是確確實實的，而且只要把私人資本主義（capitalism）除去，我們從此就可幸福，那就可以用獨裁、集中營以及世界大戰來追求這個目的；但是，假如這個目的是可疑的，或者那些手段未必達得到它，就一定會有人拿我們目前的悲慘處境做理由，以反對這些非常手段。如果這世界除去了猶太人眞的會成爲人間天堂，這就沒有充分的理由來反對奧斯威辛（Auschwitz）[54]；但如果因此而造

[54] 奧斯威辛（Auschwitz），二次大戰中，德國一集中營，曾大量集體屠殺被拘留之猶太人。

成的世界更有可能成爲一個地獄，我們就可以儘量發揮人道主義（humanitarian）的本性，斷然反對這種殘酷行爲。

大概而言：未來後果都要比眼前後果更難以捉摸，既然如此，但凡政策，所據理由爲現在雖然有害但終究有益，那都幾乎不宜於付諸實施。這個原則，一如經驗主義者主張的所有其他原則，也不可當作絕對的主張；在有些情形裡，一個政策的未來後果，相當確切而且非常不愉快，而另外一個政策的目前後果，儘管並非合宜，但易於忍受；舉例而言，這個原理適用於積穀防冬與投資生財等等。然而即使在這樣的例子裡，也不可無視於不確定的性質。在一次經濟繁榮當中，巨額投資結果是無利可圖，因而現代經濟學家就發現，容易行之過當的習慣，是投資，而非消費。[55]

一般人都強調說，自由主義者跟盲從狂信者作戰，後者一定會獲勝，原因是他們比較不動搖地相信：他們是師出有名。這個信念牢不可破，儘管全部歷史，包括最近幾年的，均與之相背。狂信者一而再失敗，因爲他們嘗試那不可能的事，又因爲——假如他們的目標是可能的——他們都過於不科學而未採用正確的手段；他們所以失敗，也因爲他們激怒了那些他們想加以威迫的人。從一七〇〇年以來的每次重要戰爭，勝利的總是比較民主的一方，這多

---

[55] 投資含不確定因素，消費則否。

少是因爲民主主義與經驗主義（這兩者密切相關聯）不必爲了成全理論而歪曲事實。俄羅斯跟加拿大，所處的氣候條件大致相彷彿，所以都想獲得較佳的小麥品種；加拿大是以實驗來追求這個目標，俄羅斯卻靠解釋馬克思主義者的經典。

各種沒有經驗基礎的教條體系，其如經院神學（scholastic theology），又如馬克思主義（Marxism）及法西斯主義（Fascism），都有一個長處，就是能在其信徒之間產生一種高度社會內聚。但是他們也有一個短處，就是要迫害可觀數量的人口。西班牙因爲驅逐猶太人及摩爾人（Moor）[56]而遭致衰亡；法蘭西在取消南特詔書（The Edict of Nantes）[57]以後，就因爲胡格諾教徒（Huguenots）[58]的移民而受害；德國若不是因爲希特勒對猶太人的仇恨，很可能首先出現於挾原子彈威力的戰場。此外，重複說一次，教條體系另外還有兩個壞處，就是在實際上重要的事實問題中涉及虛假的信念，而且會引起那些不苟同其狂信者的強烈敵意。因爲這幾個理由，我們不可以期望；這些耽溺於獨斷哲學（dogmatic philosophy）的國族，最後會勝過那些性情偏重經驗的國族。有人以爲，在需要社會內聚

---

[56] 摩爾人（Moor），八世紀時占領西班牙。

[57] 南特詔書（The Edict of Nantes），亨利四世於一五九八年發布，賜胡格諾教友宗教自由。

[58] 胡格諾教徒（Huguenots），十六至十七世紀的法國新教徒。

時，教條爲必須，這也是不正確的；請看不列顛在一九四〇年顯示出來的社會內聚，沒有一個其他國家可以望及。

最後，經驗主義值得推崇的，不僅基於其有較大眞理這個理由，更基於倫理上的種種理由。教條需要權威爲其意見之根本，而不看重知識性思考，它要迫害異端，而對非信徒抱敵意；它要求信徒壓抑天性親情，以助長組織仇恨。那些不共戴天的教條信徒們，不承認講理是獲致眞理的手段，所以要達到一個判決，除了打仗就沒有別的辦法。照我們科學時代的想法，戰爭遲早會招來全球性的死亡。

我提出的結論是：在我們今天一如在洛克當時，一個人，如果一方面要爲他的信念找到科學證據，而另方面渴望人類幸福甚於黨派勝利或信條普及，那麼他所能夠採用的唯一哲學，就是本乎經驗主義的自由主義。我們這個混亂而艱難的世界，要想逃過劫難，需要許多條件，其中有一個最迫切需要的，就是：凡是仍然保持著自由主義信念的各國族，應該全心全意由衷地相信他們的信念，不要讓步於右派及左派教條主義，卻要深深信服自由、科學的自由以及互相寬容之價值。因爲，假設沒有這些信念，在我們這個政治上分裂而技術上統一的星球上，生命將難以維續。

一九四七年

第二章　給門外漢的哲學

自從有了文明社會以來，人類就一直面對兩種性質不同的問題。第一個問題，包括駕御各種自然力，獲得必須的知識與技能，以生產工具與武器，並促使自然生長有用的動植物。在現代世界裡，這個問題是憑科學及科學技術來對付，而經驗顯示：爲了應付得當，必須訓練大量十分專精的人才。

但另外還有一個問題，比較不明確，而且有人誤以爲是不重要的——我所說的這個問題，就是如何善用我們對於各種自然力的支配力。這包括以下這些目前大家都在討論的問題：其如民主主義對獨裁主義（dictatorship），資本主義對社會主義（socialism），國際政府對國際無政府，自由主義的思想對權威主義（authoritarianism）的教條。實驗科學，對於這些問題，提不出決定性的方針。最有助於解決這些問題的知識，必廣泛考察過去及現今人類生活並領悟見諸歷史上的悲慘或滿足之緣由。技能增進，其本身顯然不確保人類幸福安樂有所增進。人在最初懂得耕種土地時，他們就用他們的知識，設立了一種以人做祭祀的殘酷祭典。那最初馴服馬的人，使用馬來掠奪並奴役良善的居民。到了工業革命（industrial revolution）初期，人發現了用機器來製作棉產品的方法，這時候就出現了各種可怕的後果：傑佛遜（Jefferson）①所提倡的美洲奴隸解放運動，功敗垂成而胎死腹中；

---

① 傑佛遜（Jefferson, 1743-1826），美國第三任總統，《獨立宣言》作者。

英格蘭的童工，發展到了令人髮指的殘酷程度；而無所不用其極的帝國主義，在非洲滿懷希望：要誘使黑人穿上棉製的衣服。在我們今天，科學天才加上技術能力，製造了原子彈，但是，製造出來以後，我們全都嚇壞了，而且不知道如何加以處置。這些實例，取諸歷史上各大不相同的時期，顯示出：人所需要的，不只是技能而已，此外還需要或許可以稱之爲「智慧」的東西。這樣東西，假如是可以學得的，學習的方法，必然不同於科技所要求的那些。而且，這在今天比以往都更需要，因爲技術的快速長進，已經使得老舊思想及行爲之習慣比從前更不管用。

「哲學」的意思是「愛好智慧（love of wisdom）」。這樣含義的哲學，正是人類必須獲得的；有了這種智慧，那些由科技發明而交給平常男女去運用的新能力，就不致把人類栽到可怖的大變動裡去。但是，那應成爲一般教育之內容的哲學，不同於專家所需要的哲學。文化價値及職業關心之間有一個區別，這不僅在哲學是如此，在各種學術研究也如此。西拿基立（Sennacherib）②在西元前六九八年出師失利究竟如何，是歷史學家要討論的，但不是歷史學家的人，可以不知道這一次及他三年前遠征成功之間的差別。對於艾斯奇

② 西拿基立（Sennacherib, -681B.C.），亞述王。

勒斯（Aeschylus）③某一劇本中引起爭論的部分，專業希臘學者有必要加以討論，但是，那些想要忙中偷閒知道一點希臘文化的人，不必過問這樣的問題。同樣的，一般受教育大眾可以置之不顧的問題，應該由獻身哲學的人去考察，其如聖多瑪斯・阿奎那與鄧斯・司各脫（Duns Scotus）④兩人在普遍概念理論上不同；又如一種語言應該具備那些特性，足可有用於說明其本身，卻不致流於無意義等等。這些問題，均屬哲學的技術方面，加以討論，並不能對一般文化有所貢獻。

大學教育的目標，應該儘時間之許可，給予各種學識所包含的文化價值，以修正那因為知識增加而不可避免的專門化現象。一個青年人，儘管不懂得希臘語，也應該使他能夠容易藉翻譯而對希臘成就有某種——儘管不充分——了解。他不必在學校裡一遍又一遍地研讀盎格魯・撒克遜君王史，而應設法獲得世界歷史的一個梗概，使我們今天的各種問題與古代的那些問題——其如埃及祭司的、巴比倫君王的、雅典改革者的——以及中間各世紀的希望與絕望發生關聯。但是，我所要寫的，僅限於按照此類觀點來處理的哲學上各種問題。

---

③艾斯奇勒斯（Aeschylus, 525-456B.C.），希臘最初三位悲劇大詩人之一，所作多達九十種，而如今僅存一種，即《奧雷斯狄亞》三部劇。

④鄧斯・司各脫（Duns Scotus, d.1308），不列顛或愛爾蘭籍經院哲學家，為方濟派教士。

哲學從其初期以來，就有兩個威信密切有關之目的。它一方面要在理論上了解這個世界的結構，另一方面，努力於發現並教導最好的生活方式。從赫拉克利特到黑格爾，甚至到馬克思，哲學始終把這兩個目的牢記在心：這既不是純粹理論的（purely theoretical），也不是純粹實踐的（purely practical），而是尋求一個說明這宇宙的理論，以之爲實踐倫理的依據。

因此之故，哲學一方面跟科學密切有關，一方面也涉及到宗教，我們首先來討論其與科學的關係。在十八世紀以前，一般人叫做「哲學」的東西，包括科學，但後來，「哲學」這個字眼在其理論方面有了限制，而限於科學所討論各課題中比較偏重思考而又比較普遍的。常有人說，哲學是不進步的，但這大致上是一個字面上的問題：一旦有人找到了一個途徑，而在某個古老問題上獲致確切的知識，這新知識就被算做是「科學」所有，而不把功勞歸於「哲學」。從希臘時代一直到牛頓時代，行星理論屬於「哲學」，因爲那既是不確定的，又是思辯的；但是牛頓使這個題目脫離了任意假設的範圍，而使之要求一種不同技術，有別於其原先可能根本懷疑時所要求的。西元前第六世紀的阿那克西曼德（Anaximander）⑤曾經提出一個進化論，認爲人是魚類的後代。這因爲是不靠詳細證據支

---

⑤ 阿那克西曼德（Anaximander, 610前後-546前後B.C.），希臘哲學家，以爲萬物來源爲「訏謾」（無限之意），以常動不息而生世界。

持的思辨，所以是哲學，但達爾文（Darwin）的進化論（evolution）是科學，因爲有各種事實的依據，其中包括：見於化石中的各生命型態的發展系列，以及動植物在世界各地的分布。我們很可以說：「我們知道的就是科學，我們不知道的就是哲學。」這雖是玩笑話，卻不無眞理；可是要補充一點，對於我們還無所知的事情做哲學思辨，即已顯出其本身是一個有價值的預備，指向正確的科學知識。畢達哥拉斯（Pythagoras）⑥學派在天文學上的猜測，阿那克西曼德及恩培多克勒（Empedocles）⑦在生物進化方面的猜測，以及德謨克利特在物質原子構成方面的猜測，將種種假設提供給後代科學家。要不是因爲這些哲學家，他們（後來科學家）恐怕根本就不會想到這些。我們可以這樣說，就理論方面而言，哲學內容，至少有一部分，是在提出科學還不足以試驗的廣泛普遍假設；但是，一等到這些假設有可能加以試驗了，他們經過證實，就成爲科學內容，而不再被當作「哲學」。

在理論方面而言，哲學用途並不限於思辨，即連這些思辨，我們也渴望於一段時間以內由科學加以肯定或推翻。有些人，十分佩服於科學之所知，竟忘了其所不知；也有人，過

⑥ 畢達哥拉斯（Pythagoras，570前後-447前後B.C.），希臘數學家，以弟子結社，爲後世「畢達哥拉斯學派」先河。他自稱「愛智者」，「哲學」一名即由是而有。

⑦ 恩培多克勒（Empedocles），西元前五世紀希臘哲學家。

於強調其所不知甚於其所知，以致看輕其成就。認爲科學至上的，會變得沾沾自喜與過分自信，而認定，凡是問題不具備爲科學處理所必要之界限明確性，都不值得討論。在實際問題上，他們總以爲，技能可以取代智慧，又以爲靠最新技術互相殺害，比較「進步」，也因此較好，強於靠老式的方法讓彼此活下去。另一方面，這些看輕科學的人，往往回頭去守住一些遠古而有害的迷信，竟不願意善用科學技術於大幅提高人類幸福，而這是很可能達到的。這兩種態度，都可以悲嘆，我們因此要靠哲學，並廓清科學知識的範圍與限制，以揭示那正當的態度。

暫且把所有跟倫理或價值觀念有關的問題擱在一邊，先談幾個純粹理論上的問題；這是大家長久以來所熱心關切的，也是科學在目前無論如何不能解答的。我們在死後是否存在？如果是的，我們會暫時或永久的存在？心能夠支配物嗎？還是物完全支配心？還是心物各有某種程度的自立？宇宙有一個目的嗎？它是否受到盲目必須的驅使？宇宙是否僅爲一團混沌與雜亂？我們以爲找到了的那些自然力，是否爲幻想？因爲我們自己喜愛秩序而產生？如果有一個宇宙體系，那麼生命在其中的重要性，是否超過天文學所啓示於我們的？但是我們對生命的強調，是否不過爲夜郎自大的心理？我不知道這些問題的答案，我也不相信別人有答案，但是我認爲，如果它們被人遺忘，又如果我們接受了一些無充分證據的確定答案，人類生命的內容就會變得空洞。哲學的功能之一，就是使這些問題的興味持久不墜，並且仔細考察一切提出來的答案。

凡是急於得到回報而求努力與酬勞得以完全平衡的人，會對一種（哲學）研究感到很不耐煩；這種研究，按照我們目前的知識狀況來說，並不能夠獲得確切的結論，只慫恿人對不可解問題做無結論又浪費光陰的思維。我無論如何不能附和這個見識。除了那最無思慮的人以外，所有的人都一定需要某種哲學；在沒有知識的情形下，這種哲學大抵皆不免於愚昧。因此而造成一個結果：人類分裂成幾個互相競爭的狂信團體，每個團體都堅信：自己標榜的那種荒唐之說，是神聖的眞理，而逆方的，則是可譴責的異端學說。在過去一千六百年大部分時間進行無益鬥爭的，有亞流派（Arianism）⑧教徒與天主教徒，有十字軍與回教徒，有新教徒跟教皇擁護者，有共產主義及納粹主義。事實上，只要有一點哲學，從事這些爭執的雙方就會明白：他們誰都沒有什麼充分理由，相信自己對。教條主義是和平之敵，且爲民主主義難以克服的障礙。在目前這個時代，至少跟前幾個時代一樣。這是最大的心理障礙，有害於人類幸福。

人的本性要求確信，但是這卻成爲知識上的一個缺陷。如果你帶孩子出去野餐，而天氣陰晴不定，那麼，對於天氣會好還是會壞，他們一定會要求一個教條式答覆，如果你說沒把

⑧亞流派（Arianism），由亞流士（Arius, c.256-336）所創異端宗教運動，其說蔓延，威脅基督教國度之統一。君士坦丁皇帝召開第一屆尼西亞會議，即爲解決其與正統派之爭端。

握，他們就會失望。那些志願率領百姓進入「應許之地（The Promised Land）」[9]的人，到了他們晚年，也要給人同樣的保障。其如：「把資本家都清算掉，活下來，就必可享受永久幸福。」「把猶太人除盡，大家就不怕德行敗壞。」「殺死克羅德特人，讓塞爾伯人統治。」「殺死塞爾伯人，讓克羅德特人統治。」像這樣的口號，在我們的時代裡，都受到廣大民眾的採信，只要一點點的哲學，就足以使人不去接受這些嗜血的荒唐話。但是，只要人不懂得無證據時不加論斷的道理，他們就必會被一些自以爲是的先知帶著走上坡路，而他們的領導人若非一無所知的狂信者，就很可能是不誠實的江湖漢。忍耐不確定的狀況確實很難，但是，其他美德，也大都如此，修習美德，需要一個適合的方法，而哲學是讓人學會不做草率論斷的最佳門徑。

但是，如果哲學要用於積極目的，就必不可只講懷疑主義，因爲，懷疑主義者之無濟於事，一如教條主義者之有害於人。按某種含義來說，教條與懷疑主義都是絕對哲學；其一確定所知，另一確定所不知。哲學所應當驅散的，就是「確信」，無論其出於知識還是出於無

⑨「應許之地」（The Promised Land），《舊約．出埃及記》，摩西率領百姓出埃及，在曠野漂流四十年，求以進入迦南，謂爲神所許予以色列族先祖亞伯拉罕者，並謂其地「流奶與蜜」，但時爲拜偶像之外邦各族所居，必待盡殺之而後可入，以色列人民無此勇氣，故徘徊觀望，即所謂「漂流」。

知。知識並非如常人所想那麼精密的一個概念。我們不要說「這我知道」，而應當說「彷彿這樣的事情我多少知道一點。」不過，對於乘法表，這樣的條件幾乎不必要，但是實際事物裡的知識，沒有教條的確實性，也沒有其精密性。假定我說「民主主義是一樣好事」：首先，我必須承認，我對這件事情的掌握，不如我對二加二等於四有把握。其次，「民主主義」這個字眼，多少有點含糊，而我不能給它一個精確的定義，因此，我們應當說：「我相當確信：假如一個政府的某些特徵，共通於英美現狀，那就是好的。」或類似這樣的話。而教育的目的之一，應該是把這樣一句話說得較有效，勝過一般政治口號。

體認到：我們的一切知識，多少爲不確實而曖昧，那還不夠：同時還要懂得：根據最好的假設——並不把它當作教條來相信——而行動。回頭再說那一次野餐：雖然你承認：天會下雨，但如果你又認爲，天氣很可能轉好，你還是出發了，唯隨身帶著雨衣，以防萬一。如果你是一個教條主義者，就會把雨衣留在家裡。同樣的原理，可用於比較重要的問題。有人會大而化之地說：凡是被看作知識的一切，都可以按照確定性之程度，依高下順序來排列，而把數學的與知覺的事實擺在最上面。說「二加二等於四」，以及說，「我正在書房裡寫字」，是兩句不可加以懷疑的話，否則，我就恐怕有毛病了。我說，昨天是一個好天，這幾乎是確定的，但不盡然，因爲記憶有時候會愚弄人。愈遙遠的記憶就愈可懷疑。如果有某種強烈的情緒理由，要把事情記錯，那尤其如此，其如，英王喬治四世（George IV）[⑩]就曾經因此而記得，他參加了滑鐵盧之役（Battle of Waterloo）。科學各律則，依證據之狀況，可能十分近於確實，或僅爲約略概然。

你根據一個你知道並不確定的假設行動時，你的行動就應該有所保留，以便萬一你的假設是錯的，不致發生非常「有害的」後果。就野餐的事情來說，如果參加的人都很健壯，那淋一場雨並不要緊，但如果其中有一位過於柔弱，就可能因此得到急性肺炎。而假定，你碰到了一位馬格萊頓派（Muggletonian）[⑪]教徒，要跟他爭論是可以的，因爲，如果馬格萊頓（Muggleton）先生事實上正如他門徒所想的那樣偉大，這並不會造成什麼害處，但若要把他燒死在火刑柱上，就不可以了，因爲把人活燒的罪惡，其確定性勝過任何神學命題。當然，如果馬格萊頓教派的人數奇多，而又極其狂信，你跟他們必須做生死的爭鬥，這個問題就會變得比較困難，但是一般原則不變，就是：一個不確定的假設，不足以支持一件確定的惡行，除非一件同等惡行依相反假設爲同等確定。

我們說過，哲學同時具有理論及實踐目的。我們現在該來考察後者。

---

⑩ 喬治四世（George IV），在位於一八二〇至一八三〇年。

⑪ 馬格萊頓派（Muggletonian），係馬格萊頓（Muggleton, 1609-1698）所創，否認三位一體教義。

古代哲學家大都認爲，一個宇宙觀跟一種涉及最好生活方式的學說之間，有密切的關係。其中有些成立了各種同道團體，跟後來的修道院僧團有點相似。蘇格拉底與柏拉圖，都曾經因爲詭辯學派（Sophists）⑫沒有宗教依歸而感到吃驚。如果哲學要在非專家（指一般人）人生活中扮演一個認眞角色，那就勢必要倡導某種生活方式。這個做法的目的，是要做到宗教所做到的事情，但是有某些不同之處。最大的差別是：這是不向權威求助的，無論那是出自傳統的還是出自一本聖書的。第二個重要差別是：一位哲學家不應該企圖創辦一個教會；奧古斯特・孔德（Auguste Comte）⑬曾經試過，但是失敗了，他也應該失敗。第三點是：對於知識性的德性應該多加強調，這是自從泛希臘文明衰微以來習慣上一直未受重視的。

古代哲學家所提出的倫理教訓，跟那些適用於我們今天的，有一個重大差別。古代哲學家的訴求對象，是那些有閒暇又有教養的人，他們能夠照他們的意思過好生活。又如果他們

---

⑫ 詭辯學派（Sophists），西元前五世紀後半希臘學派，其特點(1)懷疑古代自然哲學；(2)於認識論重感覺；(3)經啓蒙知識；(4)採個人快樂說倫理觀。

⑬ 孔德（Auguste Comte, 1798-1857），法國哲學家，宗實證論，完全棄絕形上學，而以現代實證科學爲依據。著有《實證哲學論》。

願意，可以創辦一個獨立的城市，按照他們大師的學說來制定法律。現代受過教育的人，絕大多數沒有這樣的自由；他們都必須在目前社會架構中謀生，他們也不能將他們自己的生活方式，做重大改變，除非他們能夠首先在政治及經濟上獲致重要改變。結果就是：一個人的倫理信念，勢必多表現在政治主張上，或表現在自己的行爲上，而跟古代的情形大不相同。而且，對於良好生活方式概念，必須是社會的而非個人的。即使是在古人當中，其如柏拉圖在《理想國》裡面，也這樣設想，可是，他們當中有許多人，對於生活目的，都抱比較個人的想法。

有了這個說明在先，我們再來看看，開於倫理這個題目，哲學該說什麼。

首先說知識性的德操：哲學的追求基於以下這個信念：知識是好的，即使所知道的事情令人痛苦。一個深受哲學精神影響的人——無論他是否爲專業哲學家——可以願望，他的信念一如他能夠設想到的那麼眞實，而必本乎同樣的標準熱心求知而厭惡陷於謬誤。這個原則的範圍，比乍看之下所顯出來的要廣大。我們的各種信念，從許多不同的原因產生出來：其如，幼年時父母及學校老師所告訴我們的，那具體顯現出——或者要緩和——我們所恐懼之一切，那助長我們自尊的一切等等。這些原因中的任一個，都可能帶我們達到眞正的信念，但是更可能帶我們去到相反的方向。因此，知識上的冷靜，將引導我們仔細考察我們的各種信念，以發現其中那些有理由可以相信爲眞實。我們若是明智，就特別該用緩和性的批評對付兩種信念；其中一種，我們發現，要加以懷疑極其痛苦，而另外一種，極可能使我們跟那些抱相反但同其無根據信念之人發生激烈衝突。如果這種態度得以普遍，就可以減少爭執上的尖刻，所得之大將難以估計。

此外還有一種知識上的德操，那就是關於普遍性以及公平性的。我推薦以下這個做法：我們寫一句表達政治意見的句子，遇到其中有些語詞，會惹起不同讀者心中強烈而不同的情緒，就設法用A、B、C等等符號來代替它們，同時忘記這些符號的個別意義。假定A是英格蘭，B是日耳曼而C是俄羅斯。只要你還記得這些字母所代表的意思，那麼，你會相信的事情，大抵要看你是英國人、德國人還是俄國人而定，而這是在邏輯上不相關的。做初級代數，如果只要解一些關於A、B及C三人上山的問題，你對這幾個人並無情緒上的關切，所以能以不切身的正確性把解答計算出來。但是，如果你想到A是你自己，B是你懷恨的對手，而C是出這個問題的老師，你的計算恐怕會出問題。你大概一定會算出：A是第一名而C是最後一名。在思考政治問題時，這種情緒偏頗性一定會出現，而只有靠了小心與操練，你才能夠像做代數問題那樣客觀思考。

按照抽象條件思想，當然不是獲得倫理普遍性的唯一方法；假如你能感受到普遍化的情緒，也可以達到這個目的。或許還更好，但是，這是大多數人做不到的。如果你肚子餓了，你會出於需求，而想各種辦法去弄食物；如果你的孩子餓了，你會覺得更加地迫切。如果一個朋友沒飯吃，你大概會出面來紓解他的困苦。但是如果你聽說：千百萬的印度人或中國人，因為營養不良而有死亡之虞，那這個問題實在太大也太遙遠，以至於，除非你有正式的責任，你大概很快就把它給忘了。雖然如此，如果你有那種情緒上的容量，去眞確的感受疏遠的惡（不幸），那你就能藉著感受而達到倫理上的普遍性。假如你沒有這種難能可貴的天賦，你可以養成一種習慣來加以取代，就是對實際的問題不但做具體的也做抽象的看法。

倫理學上邏輯的及情緒的普遍性之間，有一種相互的關係，這是一個値得探討的題目。「你要愛鄰如己」這句話所教人的，就是情緒上的普遍性；「倫理學的陳述不應包含專有名詞在內」，這話講的是邏輯的普遍性。這兩句名言，「聽起來」大不同，但若加以考察，就會見得：它們在實踐的內涵上幾乎無所區別。宅心仁厚的人，會偏愛那傳統的說法；邏輯學家則偏向於另一種。哪一種人比較少，我實在不知道。不論哪一種說法，只要有政治家肯接受，而且由他們所領導的人民加以容納，那至福千年就在眼前了。猶太人跟阿拉伯人，就會在一起商量說：「看我們如何爲雙方共謀最大量的善（幸福），而不必斤斤計較分配的多少。」顯然，每個團體所得爲雙方而非一方幸福之需的東西，就會遠多於目前之所有。同樣的道理可以用於印度教徒與回教徒，義大利人與匈牙利人，俄國人與西方民主主義者。但是，可惜得很！這些爭執雙方的任何一方，都是既不講邏輯，也不以仁厚爲懷。

這並不是說：凡是忙於獲取有價値專門知識的青年男女，能夠騰出大量的時間來研究哲學，而是說，只要利用可以輕易節省下來而不妨礙技能學習的時間，學哲學也能有益於人，而大大增加這個學生做人的價値。這可以養成正確而小心的思想習慣，不但是在數學與科學上，更在種種有廣大實踐志趣的問題上。這可以使人有一種超越個人的幅度範圍，以思考生命之目的，個人並得以此爲一公正尺度，衡量自己跟社會的關係，衡量現在人跟過去人以及未來人的關係，衡量人類整個歷史跟天文學上大宇宙的關係。人將他思想的對象擴大，就對當前焦慮及苦惱下了一帖解毒劑，而得以找到走進平靜的捷徑；一個敏感的心靈，處在如今這個擾攘不安世界中，應該可以得到這樣的寧靜境地。

一九五〇年

第三章　人類的將來

在這個世紀結束以前，除非有什麼很難預料的事情發生，有三件可能的事情，必會實現一件。這三件事情就是：

I 人類生命結束，也可能地球上所有生命結束。

II 地球人口因爲一場大災難而減少以後，文明倒退，回到野蠻。

III 所有重要的戰爭武器都由一個政府所獨占，因而造成世界的統一。

我並不知道，這三者之中，哪一個會發生，或者最有可能發生，我要毫不猶豫說出來的話是：我們目前所習慣的這種體系不可能持續下去了。

第一個可能性，就是全人類的滅絕，不可能發生於下一次世界大戰中，除非那一次戰爭拖延過久，超過現在認爲可能的程度。但如果下一次世界大戰是非決定性的，或者如果勝利者是不明智的，又如果有組織的國家仍然存在，那麼可以料到，緊接著大戰的結束，就有一個時期會出現狂熱的技術發展。有許多冷靜的科學家認爲，由於那時候所利用的原子能手段，其威力遠遠超過現在已有的，因此，飄散在世界各地的放射能雲，會到處破壞生命組織。儘管那最後的倖存者，可以自封爲宇宙皇帝，他的統治必甚短暫，而他的臣民將都成爲死屍。等到他一死，不安寧的生命紀元也就結束。而那些和平的岩石將無所改變的運行，直等到太陽爆炸。

一位不關心的旁觀者，有鑑於人類以愚行及殘暴所造成的漫長歷史，或許會覺得，這是最好的結局了。可是我們呢，都是這齣戲裡面的角色，都在私情與共願的網羅之中，實在難以由衷採取這個態度。眞的，我聽人家說，他們寧願人類全滅，也不願屈服於蘇維埃政府。毫無疑問，在俄國也有這樣的人，講到屈服於西方資本主義時會說同樣的話。這只是憑匹夫之勇說出來的漂亮話。但這卻是危險的，因爲聽了這話的人，就不會那麼努力地去想辦法，以避免他們假裝不害怕的那場大災難。

回復到野蠻狀態這第二個可能性，會留下一線希望，使文明漸漸恢復，就像羅馬衰亡之後的情形。果眞發生了這個突然的轉變，深受其害的人，會感到無比的痛苦，而茲後幾百年中的生活，都將是艱難黯淡的。但不論如何，人類仍然會有一個未來，而理性希望也仍屬可能。

在我想來，由一次眞正科學的世界大戰造成這種結果，絕非不可能。我想像到，雙方都有能力來摧毀對方的大城市及工業中心；我又想像到，實驗室與圖書館都幾乎完全消失，而科學人才也隨之傷亡慘重；我想像到，由於輻射線引起的饑荒，以及由細菌戰術造成的瘟疫：在這樣的壓力之下，還會有社會的內聚力嗎？那時候難道不會有先知出來告訴憤怒的居民說：他們的禍害全都由科學造成，並且說：只要把所有受過教育的都除掉，就可以達到至福千年的地步？極端悲慘產生極端盼望，而在這樣一個世界裡，希望一定是非理性的了。我想，我們所習慣了的這些大國型態，都會分裂，而零散的倖存者，就會回頭去過原始的村落經濟生活。

第三個可能性，就是成立一個統一全世界的單一政府，實現的方式也許有好幾個：由於美國在下一次世界大戰中獲勝，或者由蘇俄獲勝，又或者，理論上講，由於雙方談和。此外，所有樂意國際政府出現的各國族形成聯盟，終於變得十分強大，以至於俄國不再敢囂張。而且我認爲，在那些有可能實現的情形中，這是最有希望的。這很有可能不必經過另一次世界大戰而達到，然而這要靠許多國家裡有勇敢而具想像力的領導才能。

對於全世界一個單一政府的想法，有人提出各種反對的理由，最平常的是說：這想法是烏托邦式的，因此是不可能的。持此說的人，如大多數支持世界政府的人一樣，所想到的，是一個靠協約而產生的世界政府。我想，俄國跟西方之間，彼此猜疑，要指望他們在不久的未來有什麼眞正的協約，顯然會落空。照現狀來看，凡是一個雙方都能同意自命爲普遍的權威，終不免於虛有其表，就如國際聯合組織。國際原子能管理這項遠較平常的計畫，就一再遭遇困難，這計畫若要俄國同意，就必須以檢查服從否決權爲條件，這可就成了一齣鬧劇了。我想我們應該明白：一個世界政府勢必要靠武力來強制（成立）。

但是——有許多人會問——你爲什麼要在這裡大談世界政府呢？自從人類的組織大於家庭以來，戰爭就從未停過，而人類還是生存下來。縱然戰爭常常發生，人類又何以不會長久存在，何況，世人喜歡戰爭，否則就會覺得意志消沉，因爲沒有戰爭的話，也就失去了表現英雄氣概或自我犧牲的大好機會了。

有許多年高望重之人，其中包括蘇俄的統治者在內，都抱著這個看法，而未能把現代技術的各種可能性加以考慮。我想，再來一次世界大戰，只要來得快又去得快，文明大概還可以存在。但是，假如新發明的速度不放慢，而大規模的戰爭不斷發生，毀滅在所難免；即使不足以滅絕人類，也可能會造成我剛才提到的，倒退到一種原始社會狀態。戰爭以及接踵而來的饑荒以及疾病，必會導致極大幅度的人口減少，而使得僅存者要過十分艱難的生活——至少在一段相當長的時間以內——而且缺乏各種重建文明所需要的品質。

又有一說：即使不採取什麼極端的手段，戰爭也照樣不會發生，這種指望是不合理的，除非人類採取了一種使得戰爭無由發生的制度，戰爭終必難免，而遲早要爆發。獨占武力的單一政府，是唯一這樣的制度。

如果一切任其所至，那麼顯然：俄國跟西方各民主國家之間的爭執，會一直繼續下去，一直等到俄國有了相當原子彈儲存量，到了那時候，一場原子戰爭就無法避免了。就這樣一場戰爭而言，就算最壞的後果得以避免，西歐必將完全夷滅，而英國當然不免。如果美俄兩國原狀不變，馬上會再度爭戰，如果有一方得勝，它必統治世界，於是一個全人類的單一政府就出現了；假設不是如此，人類將滅亡，至少文明難保。如果各國族和他們的領導人缺少建設性的遠見，這就是一定要發生的事情。

我所說的「建設性的遠見」，並不只是指理論上了解到：世界政府是可取的。照美國蓋洛普民意調查的結果，美國人半數以上都抱著這個見解，但是其中的大多數都以爲：這要靠友善交涉來建立，而不敢提及武力的使用。這一點，我想，他們是錯了。我確信：武力，或武力的威脅，實所必須。但願武力的威脅足以見效，如若不然，則非眞正用武而不爲功。

假設，在美俄之戰中，一方得勝而建立了武力獨占權，結果會造成怎麼樣的世界呢？

無論得勝的是哪一邊，都會造成一個絕不容叛亂發生的世界。偶發性的刺殺事件，固然再所難免，但所有重要的武器都集中於勝利者的手中，而使得他們無可匹敵，和平也因此得以確保。即使這個支配一切的文明，全無利他之心，其主要的居民，至少會達到很高水平的物質舒適，並得以避免恐怖暴政的統治。因此，他們的性情就會漸趨和善，而不喜迫害。他們必會如從前的羅馬人，隨時間發展，而將公民權給予被征服的人民。那就是一個眞正的世界國了，至於其當初是否起於征服，倒是可以爲人所忘懷的。在勞合・喬治（Lloyd George）①朝下的英國人，誰會擬於愛德華一世（Edward I）②時代而自愧不如呢？

因此而言，無論美俄哪一方造成的一個世界帝國，比之目前國際混亂繼續下去所造成的種種後果，都較爲可取。

不過，根據幾個重要的理由，我寧取美國之勝。我無意力爭：資本主義優於共產主義；我設想，如果美國是共產主義而俄國是資本主義，我仍然會站在美國的立場。這並非不可

---

① 勞合・喬治（Lloyd George, 1863-1945），英國自由黨政治家，一九一六至一九二二年擔任首相。

② 愛德華一世（Edward I, 1239-1307），在位一二七二至一三〇七年。征討多捷，使不列顚統治擴於全英格蘭。因法律改革而有「英國查士丁尼」之稱。

能。我站在美國這一邊的理由是：我過一種文明生活方式所看重的那些事情，在這個國家比在俄國受到尊重。我放在心上的，就是以下這些事情：思想之自由、研究之自由、討論之自由，以及慈悲的情懷。俄國得勝的結果，不難見於波蘭。波蘭原先有幾座興旺的大學，容納了那些才智傑出的人。其中有些幸而逃出；其餘的失蹤。教育目前已經淪落到了只學習史達林派（stalinist）正統教條的地步。在初等教育階段以上，得以有入學機會的，只是那些家長無政治黑鍋的少年，而其目的不在培養什麼精緻的能力，卻在於將正確的政治口號背得滾瓜爛熟，而且懂得利害得失，以爭取官方的恩寵。這樣一個教育體系，是絕不會產生什麼知識價值的。

至於那中產階層，由於幾次集體流放——第一次是在一九四〇年，後來在日耳曼人放逐以後又有一次——已經完全消滅了。參與各大黨派的政治家，都受到清算、囚禁或被迫逃亡。凡是讓政府當局疑懼的人，僅有的生存手段，往往是向警察出賣自己的朋友，或者在他們受審的時候做僞證。

這個政權假如再持續一代，必可達到其各種目標，這我不懷疑。波人將不再仇視俄人，取而代之的，卻是共產主義的教條。科學與哲學、藝術和文學，都將成爲對政府的歌功頌德，顯得枯燥、狹窄而愚蠢。凡是個人，都將不會有自己的想法，甚至沒有自己的感受，而都會以作這個團體的一分子爲滿足。一次俄國的勝利，遲早會使這樣的心態普及於全世界。由成功而自滿，終究必致於控制上的鬆懈，可是這個過程會很緩慢，而對於個人的尊重是否得以恢復，可以懷疑。因爲這些理由，我只好把俄國的勝利看成是一場可怕的災難。

美國的勝利會造成的後果，就不至於這麼劇烈。首先，這將不會是美國一個國家的勝利，卻是整個聯盟的勝利，其中的各會員國，都可以出於堅持而保留一大部分的傳統獨立。我們難以想像，美國軍隊在牛津及劍橋大學逮捕研究員，再把他們送到阿拉斯加去服勞役。我想他們也不會因爲艾德禮（Attlee）先生③有所陰謀而加之以罪，逼迫他逃往莫斯科。可是，這些事情，跟俄國人在波蘭之所爲，十分相似。以美國爲首的盟國獲得勝利以後，英國文化、法國文化、義大利文化，以及（我希望）德國文化，仍然會存在；因此，由蘇俄支配而會產生的那種刻板的一致性，就不會有了。

另外有一個重要的差別，那就是：莫斯科的正統，比之華盛頓的，在全面控制之程度上，要遠超過許多。如果你是美國的一位遺傳學家，那麼無論你主張孟德爾遺傳學說（Mendelism）④的那一種見地，只要有證據，就可以視之爲最可能的。如果你是一位俄國的遺傳學家，而跟李森科（Lysenko）⑤的見解相左，你說不定就會神祕失蹤。你在美國可以隨心所欲，寫一本醜化林肯（Lincoln）的書；在俄國，如果你寫一本醜化列寧的書，那

③ 艾德禮（Attlee, 1883-　），英國前勞動黨黨員，一九四二至一九四五年擔任首相。
④ 孟德爾遺傳學說（Mendelism），由孟德爾（Gregor J. Mendel, 1822-1884）所創。
⑤ 李森科（Lysenko, 1898-　），俄國遺傳學家。

是不會出版的，而且你會被清算。假如你是一位美國的經濟學家，你可以主張說：美國正朝向一次經濟蕭條，或者，反對這種主張也可以；而在俄國，對於美國經濟即將遭遇蕭條這件事，沒有一位經濟學家敢於懷疑。在美國，如果你是一位哲學教授，你可以是一位觀念論者（idealist），是一位唯物論者，一位實證主義者（pragmatist），一位邏輯實證主義者（logical positivist），或者你想要做的任何其他主義者；你在國會裡面，可以跟那些意見不同於你的人爭論，至於誰是誰非，聽眾可以有所主張。在俄國，你就非做一個辯證唯物論者（dialectical materialist）不可。可是，有時候唯物論（materialism）的分量超過辯證，而有時候情形正好相反。萬一你不夠機敏，跟不上官方形上學的發展，那你就糟了。史達林一生都通曉形上學的眞理，但是你千萬不可以爲：今年的眞理就是去年的眞理。

在這樣一個世界裡，知性的發展必然停頓不進，甚至連技術的進步也會很快地終止。

共產主義者（Communist）所輕蔑的那種自由，其爲重要，不僅是對於知識分子，也不僅是對於社會中比較得意的那些人。由於俄國沒有這種自由，蘇維埃政府就得以建立一種更大程度的經濟不平等，超過英國的情形，更超過美國的。一個寡頭政權，既然控制了所有的宣傳手段，就可以長久地遂行其不公正及殘酷的作爲，而這些都是一經公開就幾乎不能做的事情。我們要預防掌權者，不讓他們建立一個奴性的國家，僅使少數人享受奢侈。許多人勞苦而貧窮，就要靠民主主義及自由來揭發實情。無論什麼，一落到蘇維埃政府的掌握之中，上面所說的情形就會出現。當然，到處都有經濟不平等的情形，可是，在一個民主主義的政權下，這些會漸漸少下去的，而在一個寡頭政權之下，反而會增加。又由於叛亂在現代沒有成功的可能性，所以無論哪一個寡頭政權得勢，種種經濟上不平等的現象，就有可能成爲永久性的。

我現在要提出一個問題：有鑑於人類所面臨的種種危險，我們應該有什麼對策？我先把以上所說做一個總結：我們必須防備三種危險：(1)人類的滅絕；(2)倒退到野蠻狀態；(3)一個全球奴役國家的建立；這使得大多數人淪入悲慘，而一切在知識及思想上的進步都歸於消失。如果大規模的戰爭不立刻加以終止，那麼，這些災難中的第一個或第二個，幾乎一定會發生。要想大戰能夠終止，唯一的辦法，就是把武力集中在一個單一權威之下。因爲有俄國的反對，這樣一種集中是無法靠協約來造成，然而必須設法造成不可。

第一步，就是說服英美兩國，使他們相信，全世界的武力統一有絕對必要性，而這一步現在做起來並不太困難。然後，說英語各國族的政府，應該邀請其他各國族，來加入一個固定的聯盟，共同使用各軍事資源，並且共同抵禦侵略。遇到那些徘徊猶豫的國家，其如義大利，就應提供經濟及軍事上的重大優惠，以博取合作。

到了某一個階段，聯盟已經力量十足了，如果還有什麼「大國」，不肯加入，就應以放逐加以威脅，如果還冥頑不靈，就應視之爲公敵。因此造成的爭戰，如果發生得相當快，大概就不致於傷及美國政經結構的完好，因此，得勝的聯盟能夠建立一種武力獨占，從而保障和平。但如果這個聯盟威力十足，戰爭未必會有，於是那些不合作的列強，會情願以平等身分進入，勝於在一場可怕的戰爭以後，以戰敗國的身分投降。如果這種情形眞的會發生，這世界或許不必另一次世界大戰而得逃過目前種種劫難。這樣一個美好結局，是否可以靠另一種方法來達到，我個人是不抱任何希望。但是，關於俄國在大戰威脅之下是否會讓步，倒是一個我不敢妄加臆斷的問題。

以上所及，大抵是人類當前各處境的陰暗面。爲了說服世人，採取那些跟傳統思想習慣及根深蒂固成見大相逕庭的措施，不得不這樣說。然而，人類如果度過了不久將來的艱困，以及可能發生的悲劇，就可以享受到無限量的美善，以及更大的幸福，那是過去的人類所未曾有的。這豈止是可能而已，假如西方各民主國家都堅定而敏捷，那更大有可能。從羅馬帝國分裂到今天，國家的規模幾乎都是愈來愈大。現在只有兩個充分獨立的國家，就是美國跟俄國。照這個漫長的歷史過程看來，次一步，應該是由兩個減少爲一個，並因而結束六千多年前由埃及開始的有組織戰爭時期。如果戰爭得以不靠建立壓迫人的暴政而避免，人類心靈上的一種巨大重量就可以除去，深入人心的集體恐懼，就將化爲烏有，而隨恐懼的消失，殘酷行爲的日漸減少，也就大可指望。

人類日益支配各自然力而加以利用，其情形都值得加以探討。在十九世紀中，他們所努力的，主要是增加所謂「人類」的數量，特別是白色人種的。到了二十世紀，至少就目前而言，他們又勸人朝完全相反的目標走。由於勞動力的生產量增加了，所以能夠將人口中的較大比例用於戰爭。原子能如果眞的使得生產變得比較容易，那唯一的效果，照目前的情勢而言，就是使得戰爭更加嚴重，因爲只要較少的人口，就足以生產必需品了。除非我們能夠解決消除戰爭這個問題，就沒有理由來歡迎節省勞力的技術，情形恐怕正好相反。另一方面，如果戰爭的危險除掉了，科學的技術才終於得以促進人類的幸福。即使在人口極其稠密的國家，其如印度及中國，也不再會因任何技術上的緣故，使貧窮繼續下去。如果人類的思想及精力都不再專注在戰爭上面，那麼，不出一代，我們就可以把世界各地所有嚴重貧窮狀況都加以結束。

我一向說自由是一種善，但它不是一種絕對的善。我們全都明白，有必要約束殺人者，而更有必要約束那些好殺人的國家。自由必須受到法律的限制，而唯有存在於一個法律結構以內的自由，才是最有價值的。這個世界最需要的，就是種種有效約制各種國際關係的法律。要產生這樣的法律，開頭的第一步最難，就是要設立各種具體有效的制裁，而唯一可行的辦法，就是產生一種控制全世界的單一武力。不過這樣一種武力，就像一種市政警力一樣，本身並非目的，它是一種手段，以達到法律管理下社會體系的成長；而這力量，並非私人或國家的特權，卻要有一個中立的權威，根據事先所立法則來運用。在本世紀中，以法律而不以私人武力來支配各國關係，是希望之所寄。假如這個希望未能實現，我們就要面對澈底的災禍；如果得以實現的話，這個世界所處的境地，就將遠優於人類歷史上的所有時期。

一九五〇年

第四章　哲學動機探微

一

照F・H・布拉德雷（Francis Herbert Bradley）①所說，形上學「是爲我們憑本能所相信的事尋找壞的理由。」說來有趣，這句尖刻的格言，寫在一本講形上學厚書的最前面；作者十分熱心，甚至到了有點油滑的地步。他在十分熱切的議論之餘，提出以下這個最後結論：「在精神之外沒有任何實在，也不能夠有，因此，凡是愈成其爲精神上的，也就愈加眞實。」一開頭那句警語，想必是在一種難得的自我認識的瞬間有感而發，又由於語氣詼諧而爲其作者所接受；但在其餘勞苦工作裡，他竟然允許自己被「尋找壞理由的本能」所役使。他在認眞的時候，是強詞奪理的，所以是一個典型的哲學家；他在開玩笑的時候，反而得到眞知灼見，而說出了非哲學的眞理。

有人把哲學下定義爲「爲了要想個明白的不尋常固執企圖」；我倒想把它定義爲「爲了要想得糊塗的不尋常聰明企圖。」哲學家的氣質是難能可貴的，因爲要有兩種多少互相衝突的個性結合而成：一方面，他有一種強烈的願望，要相信某個對於宇宙或人生的普遍命

---

①布拉德雷（Francis Herbert Bradley, 1846-1924），英國哲學家，持絕對觀念論，認爲「眞正實在的完全而不變」，著有《現象與實在》。

題；另一方面，除了根據那些表面上的知識理由，他又不能夠心服口服的相信。哲學家愈深刻，他的糊塗思想也就愈複雜微妙，因爲，唯其如此，才得以在他內心產生那種他所要的知識默認狀態。哲學所以難懂，就是因此。

在完全非知性的人看來，普遍學說都是不重要的；對科學家來說，這些都是要憑實驗來試驗的假設；而對於哲學家，這些乃是無論如何要加以證成的心理習慣；否則，他就會覺得活不下去了。典型的哲學家，發現某些信念在情緒上非要不可，但在知識上難以成立；他因此就進行漫長連鎖論理的摸索，在這個過程中，他遲早會出現警戒鬆懈的片刻，而讓一個糊塗思想未經察覺地通過。走上了這錯誤的第一步，他的敏捷心智就會很快地領他更進一步，走入虛僞的泥淖之中。

現代哲學之父笛卡兒，現身說法，很適切地把這種特殊的氣質說明了。他十分確切地告訴我們，如果他只有一位老師，他就不會去構造他的哲學，因爲那樣的話，他就會相信老師所說的話；然而，他發現：教他的那些教授，彼此都意見不合，他這才頓悟到：現代的學說，沒有一個是確定的。他對於確定性既然有一種熱切的渴望，他就用功起來，要想出一個新的法子，來達到它。他採取的第一個步驟，就是決心把他能夠懷疑的每樣事情都加以拒絕，日常的事物——他的親友、街道、日月等等——或許都是幻覺，因爲他在夢中也看到類似的東西，因此他不能夠確定：他是否一直在作夢。數學裡面的那些證明，或許會錯，因爲數學家有時候犯錯誤。可是他卻不可容自己懷疑他個人的存在，因爲假如他不存在，他就不能夠懷疑了。到了這一步，他終於有了一個無可懷疑的前提，來重建那些被他原先的懷疑主義所推倒的知識架構。

到此爲止，都沒問題。但是從這裡開始，他的作品喪失了其原有的敏銳批評，而且他又接受許多衙學上的格言，這些東西，除了各學派的傳統以外，就都不值得一提。他說，他相信：他存在，因爲他非常清楚又非常明白地看到這一點；因此他做結論說：「凡是我非常明白又非常清楚想到的一切，全都眞實，我可以把這當作一個普遍的法則。」他於是就開始非常明白又非常清楚地思考所有一切，其如：一個結果不能比其原因更完全。既然他能夠對神形成一個觀念——也就是說，想到一個比他自己完美的存在，這個觀念必然有一個除他自己以外的原因，那當然就是神了，因此神是存在的。既然神是美善的，祂絕不會長久地欺騙笛卡兒，這樣說來，笛卡兒在醒著的時候所見到的一切事物，必然是眞正存在的。然後就照此類推下去，知識上的謹愼，完全被拋在腦後，看起來，起初的懷疑主義只不過是修辭上的；不過我不認爲：在心理上果眞如此。我認爲，笛卡兒最初的懷疑，是眞眞實實的，就像一個迷路者心中的疑惑，但是也同樣期望能夠儘早有所確信，以取代懷疑。

就一個論理力很好的人來說，謬誤的議論就是他有偏見的證據。儘管笛卡兒抱著懷疑的態度，他說的話全都明快而確切，連他構造的第一步，也就是他自己存在的證明，都十分值得稱道。然而後來所說的每一句話，都鬆懈邋遢而草率，從而流露出，他的願望在發生歪曲性的影響。有的地方，固然是由於要顯得正統，以免受到迫害，但是有一個比較隱密的原因，必然也在發生作用。我並不假定說：他由衷關切可知覺事物的眞實性，或者甚至關切神的眞實性，但是他確實關切數學的眞理。然而，依他的體系而言，首先須證明神性的存在及屬性，然後這一點才得以成立。心理上說來，他的體系有如下述：沒有神，即沒有幾何學（geometry），但是幾何學非常引人入勝，因此神存在。

發明了「這是好得不能再好的世界」（直譯的意思是：這是一切可能世界中之最好的。）這句話的萊布尼茲，跟笛卡兒這個人不相同。他是舒泰的，不是熱情的；他是一位專業哲學家，而不是一位業餘的。他以撰寫《漢諾弗世家②編年史》（*the annals of the House of Hanover*）而謀生，他寫壞的哲學博取時譽。他也寫過好的哲學，但是不敢發表，因爲怕會因此失去他從幾位皇族那裡得到的年金。他所寫的最重要的通俗作品之一就是《神義論》（*Théodicée*），這是爲普魯士蘇菲．夏洛特（Sophie Charlotte）女王（選舉侯蘇菲〔Electress Sophia〕的女兒）所寫，作爲拜爾（Bayle）所寫《百科辭典》（*Dictionary*）

---

② 漢諾弗世家（the House of Hanover），一七〇一年繼承英國王位，傳五代，包括喬治一世（即漢諾弗選舉侯）在內。

所宣揚懷疑主義的一服解毒劑。他在這本書裡，用眞正的伏爾泰（Voltaire）③筆下「潘格羅斯博士（Dr. Pangloss）」的語氣，寫下了樂觀主義（optimism）的根據。他主張：照邏輯上來說，有許多可能的世界，其中任何一個，都可以說是神所創造；而且，其中有幾個是既沒有罪也沒有痛苦的；又說：在這個眞實的世界裡，有罪者的人數，不成比例的大於得救者的人數，但是他認爲；那些沒有惡的世界，所包容的善，遠少於這個爲神揀選而創造的世界，因此其善超過惡之差距，也小於這個世界的。萊布尼茲與蘇菲・夏洛特女王，都不認爲他們自己可能是在定罪者當中，當然會覺得，這種樂觀主義讓他們滿意。

在這些膚淺之見下面，有一個更深刻的問題，而萊布尼茲就爲此而掙扎一生。他希望，他能夠逃避決定論者世界觀所特有的那種嚴格必然性，同時又不致於縮小邏輯學（logic）的範圍。他思考，現實的世界裡有自由意志；而且，神自由地揀選了它，卻不揀選任何其他可能的世界。但是，既然那些世界都比這個眞實的世界較爲不善，而選擇其中之一，就會跟神的良善相矛盾。這樣說來，我們豈不可以下結論說：神不是「必然」良善的？萊布尼茲幾乎不能說這樣的話，因爲，他像其他的哲學家一樣，以爲只要靠著靜坐思想，

③ 伏爾泰（Voltaire, 1694-1778），法國作家，著《戇第德》（*Candide*），書中主人翁（同書名）之受業師即羅素此處所說的潘格羅斯博士（Dr. Pangloss）。此公深信萊布尼茲學說，抱極端樂觀主義。

就可能發現重要的事情，其如神的本性；不過，他躲開了這個見解所暗示出來的決定論（determinism）。他因此就以晦澀曖昧來作爲避難所。他憑極大的機敏，避免了一種尖銳的矛盾，但是卻因此而把雜亂的思想散布在他整個思想體系中。

二

和藹可親的柏克萊（George Berkeley）主教④發明了一種新的護教論方法。他當時攻擊唯物論者的議論，在我們今天這個時代，有詹姆士・簡恩（James Jeans）爵士⑤來加以恢復。他的目的是雙重的：首先，證明並沒有物質這樣的東西；其次，根據這個否定的前題，推論出神的必然存在。關於第一點，他的議論始終沒有人加以反駁；但是，他如果不認爲：這些議論足以支持神學上的正統派，他是否還會願意把它們提出來，倒是我所懷疑的。

柏克萊會指出：在你以爲你看到一棵樹的時候，你眞正知道的，並不是一個外在的物

---

④柏克萊（George Berkeley, 1685-1753），英國哲學家，持主觀觀念論，著有《新視覺論》及《人類知識原理論》。

⑤詹姆士・簡恩（James Jeans, 1877-　），英國物理學家。

體，卻是你自身的一個修飾（即局部的改變），是一種感受，或者，照他的說法，是一個「觀念」。這就是你直接知道的一切，而在你閉上眼睛的時候就不再存在。無論你能知覺到什麼，都是在你的心裡，而不是一個外在的物質對象，因此說來，物質是一個不必要的假設。關於這棵樹，眞實的乃是那些假定「看見」它的人的知覺；其餘的，則是不必要的形上學之片斷。

到此爲止，柏克萊的說法是有力的，而且大體上妥當。但是，現在，他突然改變了他的調子，而在提出了一個大膽的似非而是說（paradox）以後，就退而以非哲學思想的成見做他次一個命題的基礎。他覺得，假定那些樹木房屋、山嶽河流、日月星辰，只存在於我們看著它們的時候，是荒謬的，而這乃是他前面的議論所提示。他想，物理的對象必定有某種永久性，以及某種不依賴人類的獨立性，爲了確定這一點，他就設想：這棵樹實際上是神心意中的觀念，因此，沒有人類在看它的時候，它繼續存在。他自己提出的這個似非而是說，所得到的各種結論，如果爲他所坦白地接受，恐怕在他自己看來，也顯得可怕；但是憑一種出其不意地牽強附會，他拯救了正統派，也挽救了部分的常識。

除了休謨以外，所有追隨他的人，都流露出同樣的膽怯，不敢承認他的議論之各種懷疑主義的結論；就這方面而言，他那些最現代的門徒，並沒有根據他而加以發揮。誰都不願意承認說：「如果」我只知道「觀念」，那我知道的只是「我的」觀念，因此，除了我自己的心識狀態以外，我沒有理由相信任何事物的存在。凡是承認這個非常簡單的論證爲妥當的，都不是柏克萊的門徒，因爲他們（柏克萊的門徒）都發現，他們無法忍受這樣一個結論；他們因此就說：我們所知道的，不僅僅是「觀念」而已。⑥

休謨這個哲學上的「童言無忌者」，由於沒有形上學的隱密動機而顯得特殊。他不只是

---

⑥柏克萊哲學的兩方面，由以下兩首五行打油詩作具體說明：——

從前有個人說道，「神
如果發現：庭院裡沒有人的時候
這棵樹
照樣存在，
必會認爲極其奇怪。」

親愛的先生，
　你的訝異才古怪；
「我」永遠都在這院子裡面。
因此所以這棵樹
會繼續存在，
因爲忠實於你的神看見它。

——神謹啓

——Ronald Knox（1888-　，天主教聖職作家）——原註

位哲學家，而且是一位歷史學家兼評論作家。他的氣質閒適自在，他一方面惹惱那些製造謬誤見解的人，二方面自己又發明謬誤的見解，而他恐怕從這兩方面都得到同樣大的樂趣。不過，他的工作所產生的主要結果，是鼓動兩套新的謬誤說。一套用英文寫而另一套用德文。用德文寫的那一套是比較引人入勝的。

首先注意到休謨的德國人是康德，他以前——一直到大約四十五歲——都滿足於根據萊布尼茲推論出來的獨斷傳統。這時候，照他自己所說，休謨「使他從那種獨斷論的沉睡中醒了過來。」他沉思冥想了十二年，提出了他最了不起的作品，「純粹理性批判（Critique of Pure Reason）」；七年以後，在他六十四歲的年紀，他提出了「實踐理性批判（Critique of Practical Reason）」，在這本書裡，他在將近二十年不舒服地清醒以後，又重新回到獨斷論的昏睡裡去。他的基本願望有兩個：一個是例行日常的事情一成不變，同時希望去相信他在幼年時所學的道德箴言。休謨在這兩方面都令人感到狼狽，因爲他主張說：我們不能夠相信因果律（the law of causality），而且他又懷疑來生，因此，那良善的人，不能確信可得到天國的獎賞。康德沉思休謨思想的前十二年，都花在因果律上面，而在最後得到了一個了不起的解決。【他說，不錯，我們不能夠知道：眞實的世界裡有原因，但是，另一方面，我們對於這個眞實世界，也不能夠有所知。各種現象構成的這個世界，是我們唯一能夠經驗的世界，具有我們自己所提供的各種屬性，正如一個人戴了一副不能除下的綠色眼鏡，他一定會看到一切皆綠。我們所經驗的現象，有各種原因，這些又都是另外的現象；至於現象背後的實在裡面，是否就有因果，由於我們體驗不到，也就無須爲之操心。】康德每天一定在同樣的時間出去散步。他的僕人帶著雨傘跟在後面。那花在「純粹理性批判」上的十二年光陰，使得這位老人相信，不管休謨對於「眞實的（real）」雨滴會說什麼，一旦眞的下雨了，那把雨傘會使他不「感受到（feeling）」潮溼。

這是令人安慰的，但是爲這安慰所付出的代價很高。得以使現象在其中發生的時間和空間，都不眞實：都是康德的心識功能所製造。他從未去過離康里斯堡十英里以外的地方，所以對空間所知不多；假如他旅行過，那麼他或許會懷疑到：他的主觀創造力，是否足以發明我們所看到的一切地理現象。不過，能夠自我安慰的是，幾何學的眞理可以確信，因爲，他既然自己製造了空間，他也就十分確信：他把這空間製造成歐幾里得（Euclid）⑦式（Euclidean）的。關於這一點，他不必看自己以外的世界就可以確信，數學也就是這樣安全地躲在這把雨傘下面。

但是，數學固然是安全了，道德卻仍然在危險之中。康德在「純粹理性批判」裡面教導人說：「純粹（pure）」理性不能夠證明來生，也不能夠證明神的存在；因此這就不能夠使我們確信，這世上有公正。此外，還有關於自由意志的難題。我的行動，就我能夠觀察到的程度來說，都是現象，因此各有其原因；至於說我的行動本身到底是什麼，純粹理性對我無

---

⑦ 歐幾里得（Euclid, 450前後-380前後B.C.），希臘數學家，著有《幾何學原理》。

可奉告，因此我就不曉得，他們是否是自由的。不過，「純粹」理性並不是唯一的；另外還有一種——並非如我們所料的是「不純（impure）」，卻是「實踐的（practical）」。這是根據一個前提而來的，那就是：別人在康德幼年時教他的那些道德法則，全都是眞的。（當然，這樣一個前提需要一個僞裝，於是他就用「無上命令〔categorical imperative〕」這個名稱把它介紹給哲學界。）據此以論，意志是自由的，因爲，除非你「能」實踐，說「你應當如此這般去做」就會是荒唐的了。也因此推論：人有一個來生，因爲，若非如此，好人恐怕就得不到適當的報酬，而壞人也不會受到應得的懲罰。這又可以推論到：必然有一位神來安排這些事情。休謨也許把「純粹」理性搞亂了，但是道德律終於恢復了形上學家的勝利。於是康德得以死而無憾，而且從此受到世人的敬重；他的學說曾經被這個納粹國家宣布爲政府公認哲學。

三

大多數哲學家都天性懦弱，因此，對意料之外的事情敬而遠之，他們當中沒有幾個眞正能夠勝任海盜或竊盜而愉快。因此之故，他們發明了一些可以把未來加以計算的體系，至少得以掌握其主要的輪廓。在這種技術上最老練的行家，就是黑格爾。在他看來，邏輯過程及歷史過程是大同小異的。在他看來，構成邏輯學的，就是一系列自我更正的企圖，用以描述這個世界。如果你的第一個企圖過於簡單，事實上也必定如此，你就會發現：它是自我矛盾的；這時你就會去嘗試相反的，也就是「反命題（antithesis）」，但這也是自我矛盾的。這就使你走到一些「綜合命題（synthesis）」，包含原初觀念的成分及其對立觀念的成分，但是比兩者都較爲複雜也較不矛盾。可是，這個新觀念也一定會顯得不充分，那你就會受到驅使，透過其對立觀念，而達到一個新綜合命題。這個過程繼續不斷，一直到你達到「絕對理念」爲止，這裡面沒有矛盾，也因此說明了實在世界（the real world）。但是，依黑格爾之說正如依康德之說，這實在世界並不是現象世界。如果一位邏輯學家是從「純粹存在（Pure Being）」出發，一直前往「絕對理念」，那麼現象世界所經歷的發展，即一如他所經歷的那些。古代中國是「純粹存在」（有）的實例，關於這個地方，黑格爾只知道：它曾經存在過；普魯士人的國家正是「絕對理念」的實例，因爲這個國家曾經禮聘黑格爾到柏林擔任教授之職。這個世界爲什麼應該經歷這個邏輯的演變，並沒有交代明白；我們就禁不住會設想：這「絕對理念」一開始就不曾充分了解它自己，因此，當其設法要在各種事件中具體實現其自身的時候，就犯了許多錯誤。但是，黑格爾當然是不會說這樣的話的。

比起從前的任何學說，黑格爾的體系更加充分滿足了哲學家們的本能。由於實在難懂，外行不能指望對它有所了解。這個體系是樂觀的，由於歷史是一個展現「絕對理念」的進步過程。它顯示出：坐在書房裡推敲抽象觀念的哲學家，能夠知道有關實在世界的事實，遠超過政治家、歷史家或科學家。說到這裡，有一件不湊巧的事情必須一提，黑格爾發表他所提出的行星數目必然恰好是七個的證明時，僅在第八個行星發現的一個星期前⑧。這個問題被掩蓋了起來，同時匆忙地將修訂本付印；儘管如此，還是有人抓住話柄來加以嘲笑。可是儘管有這一次的「不測之禍」，黑格爾的體系還是在日耳曼大大地風光了一陣，等到他幾乎快要被自己的國家遺忘的時候，英美各大學卻又開始受到他的支配。不過，現在支持其說的人，人數很少，而且還在迅速地減少下去。在學院人心裡，沒有繼起的重要體系來取代其地位，而且現在也沒有什麼人敢說：只靠思想不靠觀察的哲學家，能夠察覺科學家的錯誤。

可是，在大學以外，有一個最後的重要體系從黑格爾的餘燼中產生，而大學教授已經喪失對於思想力的樂觀信心，乃得以繼續活躍在廣泛的圈子裡；這個幾乎絕跡的品種，有一個最後的倖存者，那就是馬克思學說（the doctrine of Karl Marx）。馬克思從黑格爾那裡接受了對辯證法的信念——也就是說，他相信，正、反與綜合這個邏輯發展，不但是在抽象思想裡，而且顯現在人類歷史的過程中。黑格爾當時高居學院之首，受到同胞的敬重，當然會把普魯士看成是以前一切努力所趨奔的目標；但是馬克思是一個貧病交迫的流亡客，在他看來，這個世界顯然還沒有完全。爲了達到至福千年的境地，就勢必要把辯證之輪再轉一

---

⑧ 指一八〇一年黑格爾的就職論文〈關於行星軌道的哲學論〉。第八個行星是同年被發現的火星與木星之間的小行星。

次——也就是說，再來一次革命。這次革命必定會發生，這是無可懷疑的，因爲馬克思就像黑格爾，把歷史看成是一個邏輯的過程，所以其各階段就有如數學那樣無可置疑。信心與盼望，於是就這樣在馬克思的學說裡找到了一席之地。

馬克思理論的大部分，是跟黑格爾學說無關的。但是其黑格爾的成分，值得我們重視，因爲這提出了勝利的確保，而且使人自覺是站在無可抗拒的巨大勢力的一邊。相信黑格爾辯證法的人，如其目前的處境是不幸的，那麼在情緒上來說，他就有如相信基督再臨的基督徒了；但是其所提出的邏輯根據，會占據人心，也會占據人的思想。妨害其糾纏思想之作用的，與其說是資產階級（bourgeois）的成見，倒不如說是經驗主義的科學氣質，後者不願意認定：我們眞的能夠像形上學家說的那樣認識這個宇宙的一切。或許經驗主義的清醒實在太難了，因此，人除了在幸福的等候以外，是絕不會把它保存的。果眞如此的話，我們這個時代裡的各種非理性的信仰，就都是我們加諸自己的種種不幸所造成的一個自然結果，而各種新的災禍，則可能會鼓舞起一個新的形上學紀元。

四

哲學是知性發展中的一個階段，因此，與心理的成熟不二立。爲了使哲學得以興盛，就必須相信各種傳統學說，但不可完全不加以懷疑，而從不追究其議論之所本；同時也必須要相信：僅靠思想而不靠觀察之助，可以發現重要的眞理。就純粹數學而言，這個信念是眞實的，而數學啓發過許多重要的哲學家。這在數學上所以是眞實的，因爲這種研究基本上是字面的。這在其他地方就不眞實，因爲思想本身不能夠建立任何非字面的事實。野蠻人及未開化的人，相信人跟名字有一種魔法的關聯，所以，讓敵人曉得他們的名字是危險的。語調及其所指示事物之間的區別，總是難以爲人所記住，形上學家，就像那些野蠻人，往往會想像：在語詞及事物之間有魔法的關係，或者以爲章法與世界結構之間有這種關係。句子都有主詞與述詞，因此，這世界就由具有各屬性的實質所構成。一直到最近，幾乎所有的哲學家都接受這個說法，認爲是妥當的；即使不然，他們的意見，也會在他們幾乎不自覺的情形下受其支配。

哲學家除了會混淆語言及其含義之間的關係以外，他還有另外一個信念的來源，就是以爲：他能夠僅憑思想而發現各種事實；認爲這個世界在倫理上必然令人滿足，就是這樣的信念。坐在自己書房裡的潘格羅斯博士，照他自己的思想方式，能夠確切地弄清楚：何種宇宙，是儘可能最好的。只要他留在他的書房裡，他也能夠讓他自己相信，這宇宙的存在意義，是要滿足他的各種倫理的需求。伯納德．鮑桑葵（Bernard Bosanquet）⑨一直到死都被視爲英國哲學界的領袖之一，他顯然根據邏輯理由而在他所寫的《邏輯學》（*Logic*）

⑨ 伯納德．鮑桑葵（Bernard Bosanquet, 1848-1923），英國觀念論哲學家。

一書中主張說：「我們實在難以相信，眞的將有一場大災難會把歐洲及其殖民地（舉例而言）這樣的進步文明淹沒。」哲學偏頗的一個特徵，就是相信：「思想法則」會產生愉快的政治後果。哲學從一種自我肯定上產生，這跟科學相反；這種信念認爲：我們的目的跟宇宙的目的有種重要關係，因此認爲，一切事情的過程，就全體而言，最後一定會符合我們的願望。科學已經放棄了這種樂觀，但是卻被引導到另一種樂觀：就是，憑我們的智能，我們能夠改造這個世界，來滿足我們大部分的願望。這是一種實踐的樂觀，而跟形上的相對立。我但願未來世代，不會覺得這跟潘格羅斯的樂觀主義一樣愚蠢。

一九三七年

第五章　被壓迫者的美德

人類有一個固執的錯覺，就是以爲：有些人類在道德上優於或劣於他人。這個信念有許多不同的表現方式，而沒有一個有任何合理的依據。自以爲美的想法，本屬天性，因此，如果我們的思想十分簡單，就會以我們的性別爲美，我們的階級爲美，我們的國族爲美，以及我們的時代爲美。但是，有些作家，特別是那些道德作家，都喜歡用一種比較不直接的方式來表達自尊，他們往往對自己的近鄰及親友有惡感，因此，就對其他部分的人類抱好感。老子（Lao-tse）欽佩「古人（pure men of old）」，因爲他們活在孔子學說（Confucianism）提出之前。泰西特斯（Tacitus）①及德斯塔爾夫人（Madame de Staël）②欽佩日耳曼人，因爲他們沒有皇帝。洛克對「聰明的美國人（intelligent American）」有好感，因爲他沒有被笛卡兒派的詭辯之說所誤導。

這種對異己人群的傾慕，還有一種更奇妙的形式，就是：相信弱小者有優越的美德，其如受壓迫的國族、窮人、婦女及兒童。十八世紀的人，在他們從西印度征服美洲的當時，使農民淪落到赤貧的勞工，並採用早期工業主義（industrialism）的種種殘酷手段，都喜歡感情用事地說到「高尚的野蠻人（noble savage）」以及「窮人的純樸生涯（simple annals

① 泰西特斯（Tacitus），歿於一二一年，羅馬歷史家。著有《歷史論集》。

② 德斯塔爾夫人（Madame de Staël, 1766-1817），法國浪漫主義女作家。

of the poor）」。據說，美德不可求之於宮廷，但是，宮廷仕女只要打扮成牧羊女，就「幾乎」有美德了。關於男性方面呢：

守著幾畝祖產而無憂無慮，
才是幸福的男子。

不過，寫這句詩的波普（Pope）③自己，喜歡的是倫敦，以及他那座落在托肯哈姆的別墅。

在法國大革命（French Revolution）時期，窮人的優越美德成了一個黨派的問題，而且從那以來始終沒變。在反動派的眼光裡，他們變成了「烏合之眾（rabble）」或「暴民（mob）」。有錢人吃驚地發現：竟然有人貧窮到「無立錐之地」的地步。不過，自由主義者照舊把貧窮理想化，而知性的社會主義者（Socialist）及共產主義者，則把都市的普羅階級（proletariat）美化——這種流行的作風，由於要到二十世紀的時候才會顯得重要，我把它放在後面，回頭再說。

③ 波普（Pope, 1688-1744），英國詩人，著有《康城故事》。

十九世紀的民主主義，爲高尚的野蠻人找到了一個代替者——一個受壓迫國族裡的愛國者。在擺脫土耳其人統治之前的希臘人，在一八六七年和解之前的匈牙利人，在一八七〇年以前的義大利人，以及在一九一四至一九一八年戰爭之前的波蘭人，都被浪漫地看成是有天賦的詩歌種族，由於過於理想主義了，無法在這邪惡的世上得意。英國人從前都認爲，愛爾蘭具有一種特別的魔力以及神祕的境界，一直到一九二一年爲止，因爲這時候才發現到：要繼續壓迫他們的開銷實在太大了，不能不爲之裹足。這些國族後來都一一獨立，於是就見得，他們跟別人完全一樣；但是這些已經解脫者的經驗，並不足以破壞世人對那些仍在掙扎中者的幻覺。英國的老婦人仍然以感情用事的口吻來說「東方人的智慧（wisdom of the East）」，而美國的知識分子愛說什麼黑人的「泥土意識（earth consciousness）」。

女人是各種最強烈情緒的對象，所以受到更加不合理的看法，還要超過窮人或受壓迫國族的程度。我想到的，不是那些詩人所要說的話，而是那些自以爲講理的人所流露的冷靜意見。基督教卻會對女人抱著兩個相反的態度：一方面視之爲誘惑者，使僧侶及其他人犯罪；另一方面又以爲女人能夠超凡入聖，到了一個幾乎爲男人所不及的程度。神學上來講，夏娃與聖女分別代表這兩個類型。到了十九世紀，誘惑魔女隱退到背景中去了；「壞」女人當然還有，但是維多利亞時代的名士，可不像奧古斯丁（St. Augustine）④跟他的追隨者，不

④ 奧古斯丁（St. Augustine, 354-430），天主教會作家，著有《神之城》、《懺悔錄》。

承認這樣的罪人會誘惑他們，所以也不承認其存在。有人把聖母（Madonna）跟騎士精神（chivalry）所尊重的貴婦合在一起，產生了尋常已婚女子的理想。她是纖細而柔美的，她有盛放的青春，那萬一跟粗俗世界接觸就會被奪走，她的種種理想，一經邪惡的沾染，就會黯淡；她就像居爾特人及斯拉夫人及高尚的野蠻人，享有一種精神品性，而且程度還要更高，這使得她比男子優越，卻又使她不適合從事實業或政治，甚至也不適合支配其自己的命運。這種見解到現在仍然殘留不去。不久以前，我在演說中贊成同工同酬的辦法，得到一位英國小學校長的反應，他同時寄給我一本由校長協會出版的小冊子，其中以種種不可思議的議論支持跟我相反的意見。關於婦女，他說：「我們樂意以她爲先，看做一種精神力量；我們體認到她是『人性裡的天使』並加以敬重；在人類能夠達到的一切優雅及教養方面，我們都給她優越的地位，我們但願她保有她所有取悅於人的『女人味道』。」他向我們保證，「這項請願」——就是要婦女滿足於較低的酬勞——「是我們給她們的公開信，並非出於自私，而是出於對我們母親、妻子、姐妹及女兒的敬愛……我們的目的是神聖的，本於眞正的十字軍精神（spiritual crusade）。」

在五、六十年以前，除了少數婦女平權運動者以外，這樣的話是不會引起什麼議論的。現在，由於婦女已經取得了投票權，這話讀起來就有點不合潮流了。其所相信的女子在「精神上」的優越地位，立意所在，就是決心要使女子在經濟及政治上居於劣位。男人在這場爭戰上打敗了，他們就不得不敬重婦女，也因此放棄向他們獻上「敬重」（作爲居於劣位的安慰）之做法。

一種好像相彷彿的做法，也發生在成人對兒童的看法上。兒童就像女子，在神學上來說是邪惡的，這在福音（gospel）佈道家看來尤其如此！他們都是撒旦（Satan）的肢體，他們都是墮落的；瓦慈（Isaac Watts）博士⑤用令人欽佩的筆法寫說：

> 只要他用全能的棍子打一下，
> 就馬上把少年的罪人趕到地獄。

他們應該「得救」，那是千萬必須的。在衛斯理（Wesley）⑥學校裡「有一次發生了全面的悔改……只有一個可憐的男孩例外，他很不幸地抗拒聖靈的做工，爲此受到嚴厲地鞭打……」但是在十九世紀當中，由於家長的權威，一如帝王、教職及丈夫的權威，自覺受到了威脅，就另有更加微妙的辦法流行起來，以鎮壓那不聽話的。兒童都是「天眞無邪的」；他們像好女子一樣，也有一陣子「美好時光」；他們必須受到保護，不可知道邪惡，

⑤ 瓦慈（Isaac Watts, 1674-1748），英國非國教牧師。
⑥ 衛斯理（Wesley, 1703-1791），英格蘭宗教家，創衛斯理教派。

以免他們的美好時光會失落。此外，他們還另有一種智慧，華茲華斯（Wordsworth）⑦將這種見解加以宣揚，使普及於說英語的人民之間。他首先所宣揚的，是讚美兒童具有：

> 高尚的本能，那麼使得我們的凡俗本性
> 像一個現場被抓的罪人那樣戰慄不已。

十八世紀的人，沒有一個人會向他的小女兒說以下這樣的話，除非她已經過世：

> 她整年都躺臥在亞伯拉罕的懷中
> 且在聖殿最深處的神龕裡敬拜。

但是在十九世紀裡，這種見地十分地平常；而主教派教會裡的那些體面教友——甚至包括天主教會的在內——都不以爲羞恥地忽視「原罪（Original Sin）」，而玩弄那流行的異端邪說：

---

⑦ 華茲華斯（Wordsworth, 1770-1850），英國詩人。著有《抒情歌謠集》、《序曲》等。

……追隨榮耀之雲彩，我們
來自神，祂是我們的家，
在我們幼年時天國就在我們身邊。

這造成了那種常見的發展。於是，打一個躺在亞伯拉罕（Abraham）懷中的小孩子，或用棍子代替「高尚的本能」，使他「像一個現場被抓的罪人那樣戰慄」，就開始顯得不太對了。於是，家長與教師都發現：他們不再能盡情享受他們從前責罰孩子的樂趣，並且有一種教育理論茁壯起來，說兒童的福利必須加以重視，不可只顧成人的方便及威嚴。

成人唯一可以引以爲慰的，是有人發明了一套新的兒童心理學。在傳統神學裡做過撒旦肢體的兒童，後來，在教育改革家的心中，成了經過奧祕啓發的天使，這時候，卻又回頭變成了小魔鬼了——不是那由老魔鬼所唆使的神學上的鬼魔，卻是由「無意識」所鼓動的科學上佛洛伊德（Freud）⑧式的可憎厭之物（abomination）。老實說，跟從前受僧侶誹謗的那些比起來，他們要邪惡得多了；照現代教科書所說的，他們在有罪的想像上面顯得狡黠而頑

⑧佛洛伊德（Freud, 1856-1939），奧國心理學家，創心理分析學。代表作品有《夢的解析》、《精神分析入門》等等。

固，這在過去恐怕只有聖安東尼（Saint Anthony of Padua）⑨足以相比。這到底是不是客觀的眞理呢？還是因爲成人不許再打小討厭而想像出來的一種補償？這個問題不妨讓佛洛伊德派者回答就可以。

從以上各種例子看來，凡是將優越的美德歸於弱小者的時期，都短暫而不安定。稱讚弱小這種做法，一定是因爲壓迫者的良心受到責備而出現，而良心的責備也一定是因爲他們的權力不再穩固而發生。把受害人做理想化的想法，是權宜之計：如果美德是善之最，又如果順服使人德美，那麼，不給他們權力，反而是好事，因爲那會破壞他們的美德。如果說，有錢人難進天國，那麼其人守財不放以危害自己的永世福氣，從而使他的貧窮弟兄得到好處，也就成了一種高尚的行爲。男人不讓婦女去接觸政治上的骯髒事情，也可以說是一種體貼的自我犧牲了。如此類推，可以達到無窮。可惜的是，或早或晚，那受壓迫的階級會爭論說：既然有優越的美德，就有理由得到權力，於是那壓迫者就會發現：他們手上拿的武器，轉過來對付他們自己了。等到最後，權利終於平等了，那人人都會明白，關於優越美德的那些話，是一派胡言，而且會明白：爲了要求平等，根本就不必拿美德做幌子。

關於義大利人、匈牙利人、婦女及兒童，我們都已經說得很周到了。但是有一件事情，

⑨聖安東尼（Saint Anthony of Padua, 1195-1231），葡萄牙方濟派教士，曾在異象中見幼年耶穌在他懷抱中。

我們只說到一半，而這是目前最重要的——那就是關於普羅階級的事情。對普羅階級讚美，非常現代。十八世紀的人在讚美「窮人」時，想到的一定是農村的窮人，傑佛遜的民主主義碰到都市暴民，就突然停頓不再前進，他希望美國始終是一個農業主義者的國家。對普羅階級的讚美，是機械時代（the machine age）意識形態的一部分，就如讚美水庫、電力廠以及飛機那樣。按人性來推想，這一點都沒有討好的意思，一如相信居爾特人有魔法，相信斯拉夫人有靈魂，婦女有直覺而兒童有天眞。如果說，營養不良、教育不足、缺少空氣和陽光、居家環境不健康以及工作過勞等等所造成的人民，比良好營養、開闊空氣、充足教育及居室，以及合理休閒時間等等所產生的還好；如果如此，我們就可以慶幸：我們的人口中有這樣大的一個比例，在享受那些造成美德的環境。這種議論是很明白的，同樣明白的，是許多社會主義者與共產主義者的知識分子認爲，在「禮貌上」有必要假裝發現普羅階級比其他人民和藹可親，同時又公開表示一種願望，要除去他們目前所處的環境，而後者，照他們所說，本是造成善良人類的唯一條件。華茲華斯把兒童理想化，而佛洛伊德把他們非理想化，馬克思就是普羅階級的華茲華斯；而其佛洛伊德還有待於未來。

一九三七年

第六章　論做個有現代意識的人

從荷馬以來，我們的時代是最狹隘的。我不是說什麼地理上的狹隘：Mudcombe-in-the-Meer①的居民，對於目前發生於普拉哈②、高爾基③或在北平的事情及思想，都比從前任何一時代的人還清楚。我說的狹隘，是就年代的意思而言：就如布拉格、尼尼諾夫哥羅及北京這些歷史城市被新的名稱所掩蓋，一些新的宣傳口號也隱藏起我們祖先的思想與感情，即使是跟我們並無不同的那些。我們自以爲是站在知識的頂端，所以不會相信：從前那些古怪服裝及累贅的文句一直會有人使用，而前人的思想竟仍然值得我們留意。如果要讓《哈姆雷特》使一個眞正現代讀者感到興趣，那首先就要把它翻譯成馬克思或佛洛伊德所說的話，或者，還要好的，用一種混合這兩者而前後不一致的語法來翻譯。幾年以前，我讀到一篇以輕蔑語氣評論桑塔耶那（G. Santayana）④一本書的文章，提到其中的那篇關於《哈姆雷特》論說：「完全是一九〇八年的風格」——言下之意似乎是說，從那以來所發現的一切，使得稍早對莎士比亞（Shakespeare）的評價變爲不相關的及相當膚淺的了。這位評論

①地名。向海的峽谷。
②普拉哈（Praha），即布拉格（Prague），捷克首都。
③高爾基（Gorki），俄國城市，原名尼尼諾夫哥羅（Nijni-Novgorod）。
④桑塔耶那（G. Santayana, 1863-1952），美國哲學家，著有《美感》一書。

者當然不曾想到，他的評論「完全是一九三六年的作品」。也許他的確想到這一點，而且覺得很得意：他是爲此刻而寫，而非爲了未來；次年他就會採用新流行的意見，而不管那是什麼，而且他一定希望：只要他繼續不斷地寫下去，就可以保持常新而不舊。在那有現代意識的人看來，一個作家的其他理想，都顯得荒謬而落伍了。

想要站在時代前面這個願望，當然是指就程度而言的新；這在從前每個時代都或多或少出現過：以爲他們自己才是進步的。文藝復興時代（Renaissance）瞧不起在它之前的世紀；十七與十八世紀的人，用白色塗料把那些極其可貴的嵌瓷畫掩飾起來；浪漫主義運動（Romantic movement）鄙夷那些英雄雙行句（heroic couplet）的時代，八十年以前，雷基（Lecky）⑤譴責家母，說她受到流行思想的影響而反對獵狐，他寫說：「我相信你並不眞正同情狐狸，易言之，不會眞正驚訝於那最漂亮的婦女權利之聲張，就是騎馬馳騁過鄉間。但是你總是把政治及知識看成是毒蛇猛獸，而又極其擔心自己不夠前進或不夠知性。」然而，在從前這些時代裡，對於過去的輕蔑，幾乎都比不上現在的情形。從文藝復興到十八世紀之末，世人都傾慕羅馬的古蹟；浪漫主義運動使中世紀得以復活；家母儘管相信十九世紀的進步，仍然愛讀莎士比亞跟米爾頓（Milton）的作品。世人流行把過去完全置諸

⑤ 雷基（Lecky, 1838-1903），英國歷史學家。

腦後，是從一九一四至一九一八年戰爭以後才有的。

以爲唯獨流行應該凌駕於見識這個信念，有許多大大的好處。這使得思想不必要，又使得最高的知識爲人人都可以達到。像「錯綜意識（complex）」、「色情虐待狂（sadism）」、「戀母情結（Oedipus complex）」、「資產階級」、「異化（deviation）」、「左傾（left）」這些字眼，要學會其正確地使用，並非難事；而一旦學會了，就不怕不成爲才華出眾的作家或言論家了。這些語詞裡面，至少有一些代表了其發明者所提出的大部分思想；就像紙幣一樣，它們原先是可以兌換成黃金的，但是，對於大多數人來說，它們已經變得不能兌換了。而由於貶值之故，其名義上的觀念財富反而增加。這樣一來，他們就會看輕從前各時代不足以道的知識財產。

有現代心識（modern-minded）的人，雖然很相信他自己這個時代裡的智慧，卻一定要讓人家覺得，他對於自己的能力非常謙虛。他最高的希望，是首先思考那該思考的，要說那該說的，要感受那該感受的；他不希望去思考超過他鄰居水平的思想，去說那些顯得更有見地的話，也不產生某個流行團體所沒有的情緒，而只想稍稍超過別人，走在時代的尖端。爲了博得大眾的賞識，他處心積慮，壓抑他內心的個人見地。照現代的標準來說，像哥白尼、斯賓諾莎（Spinoza）[6]或復辟（the Restoration）[7]以後的米爾頓[8]所過的那種心理上孤寂的生活，是沒有道理的。哥白尼不該急著把他的天文學說提出來，而應該等到此說可以大爲流行的時候；斯賓諾莎應該做一個好猶太人，或者做一個好基督徒；米爾頓應該跟上時代的潮流，要像克倫威爾的遺孀一樣，後者向查理二世（Charles II）請求一筆津貼，而所持的理由是：她不同意她丈夫的政治主張。一個人爲什麼要自命爲獨立特行的審判官呢？智慧豈不是藏在日耳曼種族的血液中，或者，換一個立場，藏在普羅階級之中？總而言之，孤懷獨抱有什麼好處？那是永遠也沒有機會去說服宣傳代理人的。

金錢的獎賞以及廣布而卻短暫的令譽，被那些宣傳代理人所造成，並且當作難以抗拒的誘惑，放在才智之士的面前。有人提名道姓，有人來仰慕，常在報紙上被人提到，而且有人提供省力氣而且賺大錢的門徑，當然是十分可人的事情；可是一旦一個人有了這些機會，他會發現，要繼續做他認爲最好的工作，難了，而且不免要把他的判斷附屬於一般的意見。

造成這個結果的，還有許多其他的因素。進步的迅速，是其中之一，這使得人很難去做

---

⑥ 斯賓諾莎（Spinoza, 1632-1677），荷蘭哲學家，著《笛卡兒哲學原理》及《神學—政治學論文》。

⑦ 復辟（the Restoration），指一六六〇年查理二世復辟。

⑧ 米爾頓（Milton, 1608-1674），英國詩人，著有《失樂園》。

那種不會很快就被取代的工作。牛頓持久不衰，一直到愛因斯坦；如今許多人已經視愛因斯坦爲老古董。今天的科學家裡面，幾乎沒有人會去寫一部皇皇鉅著，因爲他曉得：就在他寫的時候，別人會發現新的事情，而使得他的作品未及問世，就作廢了。世人的情緒調子，也以同樣的速度在改變，因爲戰爭、經濟蕭條以及革命，在舞臺上一一相逐。而且公眾的事件影響到私人的生活，在今天比從前都來得更厲害。斯賓諾莎，不論他的異端見解如何，即使在他的國家受到外敵侵略的時候，都能夠繼續出售鏡片並且從事沉思；假如他活在現在，他很可能已經被徵召了，或者坐進了監牢。因爲這些理由，一個人要在今天挺身而出，反抗他當時的潮流，那所需要的個人信念的強度，一定要超過文藝復興以來任何時代所要求的。

然而，這個改變，有一個更深的原因。從前的人，願望侍奉神，米爾頓希望運用「那種唯死亡可隱藏的才能」時，他覺得，他的靈魂是「渴望以此來侍奉我的創造主。」每個有宗教意識的藝術家，都深信：神的審美判斷，不異於他自己的；他因此就有了一個理由，不在乎世俗之好惡，去做他認爲是他最好的作品，縱然他的風格已經不合流行。那追求眞理的科學家，即使跟當時的迷信發生衝突，仍然把創造的各種神奇顯明出來，而使得人的不完全信念更得以與神的全知相調和。每一個認眞的工作者，無論其爲藝術家、哲學家或天文學家，都相信：他是遵照他自己的信念，在服務於神的旨意（Divine Purpose），這種信念隨著啓明時代的進展，開始逐漸黯淡了。然而，「眞（the True）」、「善（the Good）」與「美（the Beautiful）」仍然存在。儘管在地質學上天國是不存在的，但是各種超乎凡俗的尺度，仍然珍藏在天上。

在整個十九世紀中，那些熱心的無神論者的心中，「眞」、「善」與「美」繼續飄搖不定的存在。然而，他們的熱心本身，反而促成了它們的破滅；因爲熱心使得他們不能夠半途而廢。實用主義者（pragmatist）解釋說：「眞理」就是相信而得的報酬，道德史家把「善」還原爲一種部落的風俗。「美」也被藝術家廢除。他們反叛一個市儈時代中的甜美平凡，而落入一種激怒的情態，因此，只有從一種刺激傷害中去取得滿足。於是，那作爲一種存在之位格的神，以及作爲一種理想之本質的神——人應該對之抱持一種理想上的忠誠——都被一掃而空，從這個世界上消失；而個人呢，面對社會的壓力，內心卻一無防禦可言，這因爲，種種健全的學說，都被人做了粗率而不批判的解釋。

所有的運動都會發揮過當，朝向主觀性的運動就確實如此，這是由路德（Luther）及笛卡兒開始的，原來是爲了肯定個人，到了最後竟認爲，人的完全順服是固然而合理的。眞理的主觀性，是一個草率的學說，並非妥當的根據那些可能包含著它的各前提推演而來；數世紀以來所形成的種種習慣，使得許多事情看起來有賴於神學的信仰，而事實上並非如此。人靠著一種幻想而生活，一旦失去了它，就落入另一種幻想。但是我們不能拿舊的謬誤來跟新的謬誤戰鬥。在思想以及在意識上的超然與客觀，歷史上是跟某些傳統信仰有關，但並無邏輯上的關係；不靠這些信念來保存它們，不但可能，而且必要。重要工作的完成，所必須的獨立性，是要靠某種程度時空的隔離才能產生；除了欽佩讚美當代的大眾以外，應該還有更加重要的事情可做。我們目前所受之害，不是因爲神學信仰的衰微，卻是因爲喪失了孤高。

一九五〇年

第七章　知識垃圾的概況

人是一種理性動物——至少我聽人這樣說過。我在漫長的人生裡，一直認眞尋找支持這個說法的證據，可是到目前爲止，雖然我找過了三大洲裡的許多國家，都沒有機會碰到。我所見到的剛好相反；這個世界繼續向瘋狂衝下去。我見到幾個大國，以前是文明的領袖，現在被一些狂妄的人所誤導。我見到進展神速的殘酷、迫害與迷信，竟而到了一個程度，把那頌揚理性的人，看做上個時代不幸倖存下來的老古板。這眞令人感到頹喪，但是自怨自艾於事無補，爲了排遣這種情緒，我就更加用心地來考察過去，因此，領悟到伊拉斯謨（D. Erasmus）①的見解：愚行常在而人類仍然綿延不絕。今天人類的各種愚行，跟過去的相比之下，就容易讓人忍受了。以下我要用一支筆寫出我們今天以及從前各世紀的種種愚言愚行。說不定，我們因此可以本著平衡的眼光，來看我們自己的時代，而覺得不比其他時代糟到哪裡去，雖然在那些時代裡，我們的祖先並沒有遭遇到空前絕後的大災禍。

就我所知，首先明白宣稱：人是一種理性動物的，是亞里斯多德。他爲這個見解提出的理由，在今天看來已經沒有什麼了不起了；在過去，有人能做算術，就是了不起的事情。他認爲：靈魂有三類，植物靈魂，這是動植物所有生物都有的，只關心吸收養分及成長；動物靈魂，是人跟較低等的動物所共有，關心運動的能力；最後是理性靈魂，或知性靈魂，這原

---

① 伊拉斯謨（D. Erasmus, 1467-1536），荷蘭人文學者，著有《愚神禮讚》。

是神的心意，但是人照他們智慧的大小也多少有分。人是一種理性動物，就是靠了這種知識力。表現這種知識力的方式，各有不同，最顯著的，就是精通數學了。希臘人的數字系統非常不好，所以乘法表就成了大困難，而只有非常聰明的人才會做複雜的計算。時至今日，計算機做算術，勝過最聰明的人，可是沒有人會因此說：這些有用的儀器是不朽的，是神性靈感的結果。數學既然變得容易，也就不再如從前那樣受人敬重。結果呢，儘管許多哲學家照樣告訴我們說，我們很優秀，卻不再是因爲我們有計算技能而讚美我們了。

時代的風尚變了，我們不便再拿那些會做算術的孩子做證據，而說：人是理性的，而靈魂是不朽的（至少就部分而言）。我們還是找別的法子吧！我們首先該往哪裡找呢？要在哪些傑出的政治家當中找嗎？他們何其得意地把世界帶到目前的地步。還是我們該選哪些文學家？或是哲學家？這些人全都有他們的理由，但是我想，我們首先該看的人，是所有正直思想的人都認爲最良善也最有智慧的，那就是僧侶牧師之輩。假如「他們」都不夠資格稱爲理性的，那我們這些更不足道的凡人，還有什麼指望呢？可惜——我說這話是抱著十分的敬意——在有的時代裡，他們的智慧並不很明顯，而說來奇怪，在他們權勢最大的時代，情形尤其如此。

我們那些新經驗學派（neo-scholastic）所讚揚的「信心時代」，就是他們爲所欲爲的時代。這時候，日常生活裡有聖徒所行的神蹟，還有魔鬼及魔法師在傳授巫術。火刑杜燒死了成千上萬的女巫。瘟疫、饑荒、地震、洪水及火災，都懲罰著世人的罪。可是，說來奇怪，他們竟然比今天的人更有罪。關於這個世界，憑科學而知道的事情，那時幾乎就沒有。希臘人曾經證明地球是圓的，但到這時候，連有學問的人也忘記了，而大多數人都取笑世上有相對之點的想法。如果有人說，在這些相對之點都有人類居住，那就是異端。當時的人都認定：絕大部分的人類是被定罪的（現代天主教徒的看法，當然比較溫和了）。危險可以說是無所不在。魔鬼可能就落在僧侶要去吃的食物上面；如果那吃的人，在每吃一口以前忘了畫十字，它們就會附著在這些不謹愼的人身上了。今天那些守舊的人，碰到別人打噴嚏，還會說，「願神保佑你」。可是這個習俗的來由，他們早已忘了；原來，當時的人相信，他們會把靈魂噴出去，而在靈魂能夠回家以前，窺視在旁邊的鬼魔，就得以進入那靈魂不在家的肉體。這時候如果有個人說，「神保佑你」，就可以把這些鬼魔嚇走。

在過去的四百年裡，科學慢慢地成長，告訴人用什麼方法來認識自然，以及駕御自然力。在這期間，僧侶跟科學作戰，在天文學及地理學方面，在解剖學及生理學方面，在生物學、心理學及社會學方面，可是屢戰屢敗。他們失去了一個據點，就占據另一個據點，他們在天文學方面失利，就盡全力來阻止地理學的興起；他們在生物學上跟達爾文作戰，而在目前，他們跟心理學及教育學裡的科學理論作戰。在每個階段，他們都設法使大眾忘記：他們從前是反對開明的，以便世人看不出他們現在也是反對開明的。我們現在要舉幾個實例，顯示：自從科學興起以來，僧侶牧師當中的非理性言行，然後再探討，其他的人類是否比從前稍好。

富蘭克林（Benjamin Franklin）[②]發明避雷針的時候，無論英國還是美國的教士，出於對英王喬治三世（George III）[③]的熱心支持，都群起非難，說這是不虔誠的企圖，要牴觸神的旨意。因爲，凡是正直思想的人都曉得，雷電是神所差遣的，要懲罰不敬神的行爲或其他重大的罪行——有德之人是絕對不會遭到雷擊的。這樣說來，神既然要打擊某個人，富蘭克林就不該牴觸祂的主意；說眞的，這等於是幫助犯罪的人脫逃。但是神善於隨機應變，只要我們相信普來斯博士（Dr. Price）——他是波士頓的領導牧師之一——所說的話。他說：由於「聰明的富蘭克林博士發明了這些鐵針」，雷電就變得無效了。普來斯博士又認爲，由於神對這些「鐵棒」感到震怒，所以麻塞諸塞州就出現了地震。他有一次照這個主題講道，他說：「波士頓的避雷針比新英格蘭的其他地方都多，所以波士頓的地震顯得比較可怕。唉呀！我們逃不出神的全能掌握。」不過，看起來，上天已經不希望治好波士頓的邪惡，因爲，儘管避雷針愈來愈普遍，麻州的地震卻從此難得一見。話雖如此，還有一個在現代最有影響力的人，仍然主張普來斯博士的見地，或類似的看法。有一次，印度發生了幾次

② 富蘭克林（Benjamin Franklin, 1706-1790），美國實業家、政治家、物理學家，著有《窮理查年鑑》。
③ 喬治三世（George III），在位期間一七六〇至一八二〇年，美國獨立革命即發生在其任內。

大地震。甘地（Mahatma Gandhi）④就愼重其事地警告他的同胞說，這些災禍是爲了要懲罰他的罪而發生。這種看法，仍然存在於我的故鄉。在一九一四至一九一八年戰爭期間，英國政府大力促進國內糧食的生產。到了一九一六年，戰局未見好轉，有一位蘇格蘭的牧師先生就投書給報紙說：軍事失利是咎由自取，因爲英國當局居然准許大家在安息日栽種馬鈴薯。不過，一切終於逢凶化吉，那是因爲：德國人違背了十誡之「全部」，而非其中之一。

假如這些信神的人眞的是可以相信的（那麼照他們的說法），神的慈悲有時候偏心得出奇。《世代的磐石》（*Rock of Ages*）一書的作者托普雷狄（Toplady）⑤。有一次從一個牧區遷到另一個牧區去。搬家以後才過了一星期，他從前住過的牧師住宅起火燒了，使得新上任的那位牧師損失不貲。托普雷狄爲此而感謝神；至於那位新牧師到底怎麼辦，則不得而知。包羅（Borrow）⑥在他所寫的《西班牙的聖經》（*Bible in Spain*）裡面說到，他怎樣

---

④ 甘地（Mahatma Gandhi, 1869-1948），印度社會運動家，領導印度獨立運動，爲印度教徒暗殺。

⑤ 托普雷狄（Toplady, 1740-1778），英國牧師。

⑥ 包羅（Borrow, 1803-1881），英國作家。

毫髮未損地走過了一條盜賊遍布的山徑，可是，在他後面過山的一群人，卻遭遇劫掠，其中有的被殺害；包羅聽到這個消息，就像托普雷狄一樣，感謝神。

儘管我們在教科書裡知道了哥白尼的天文學，可是直到如今，這還沒有打入我們的宗教或道德裡去，因此，甚至不足以破壞世人對於星象學的相信。世人仍然認爲：神的計畫（Divine Plan）是特別跟人類有關，而一種特別的「神的眷顧（Providence）」不但照顧善人，也同時懲罰惡人。那些自以爲是虔誠的人，所做出來的褻瀆神聖的事情，有時候令我感到吃驚——舉例來說，那些始終都穿著浴袍洗澡的修女。有人問，既然沒有人能看到她們，爲什麼要這樣做，她們回答說：「啊，那你就忘記這位好心的神了。」在她們的心裡，神顯然是一個「愛偷看的湯姆」，他無所不能，所以可以看穿浴室的牆壁，居然就穿不過那些浴袍。這種看法，簡直讓我覺得莫名其妙。

「罪（Sin）」這件事情，使我非常迷惑，這當然是由於我的本性有罪。如果說，造成不必要的苦難，構成「罪」。那我能懂；可是，正好相反，避免不必要的苦難，竟也往往構成罪。幾年以前，英國上院提出一項法案，要在那些痛苦的以及不治的病例上使安樂死合法化，這一方面要取得醫藥上的證明，同時還要得到患者的同意。我因爲頭腦簡單，所以想當然地認爲，這自然是要取得患者的同意，但是英國官方對「罪」一事的權威及已故的康城主教，都說這樣的看法是錯誤的。原來，患者的同意，使安樂死變成了自殺，而這是有罪的。上院諸公都聽了權威的意見，就否決了這項法案。結果，爲了討好這位主教——以及討好，如果他說的是實話，他的神——癌症的受害人，仍然必須忍受幾個月完全不必要的極大痛苦，除非他們的醫生或護士，敢於爲了人性而甘冒謀殺之罪。這樣一位以觀賞如此折磨爲樂的神，是我所難以想像的；如果眞有這樣一位縱溺於殘酷的神，我當然要認爲他不配得敬拜。可是這只證明：我在道德上敗壞到了什麼程度。

有些事情是罪，但有些事情不是。這也同樣令我感到困惑。虐待動物防止協會有一次請求教皇支持，他拒絕了，理由是，人類對低等動物沒有責任，因此，虐待動物是無罪的，這是因爲動物沒有靈魂。另一方面，娶你已故妻子的妹妹是有罪的——至少教會是這樣教導人——不論你跟她多麼希望結合。其原因，並非怕造成什麼不幸，而是《聖經》（*the Bible*）中有此一說。

《使徒信經》（*Apostles' Creed*）中有一條，就是肉體的復活，這個教條產生了幾種奇怪的後果。不多年以前，有一位作家想出了一套巧妙的辦法，來計算這世界的末日，他表示：一個人的肉體中必然有充分的必需成分，在末日供應每個人所需要的一切。他仔細計算可以使用的種種原料，而判定：這些到某一個日期全會用光。到了那一天，世界必須結束，因爲，要不然的話，肉體的復活就會無法實現了。很可惜，我忘了他所說的那個日期，但是我相信，爲期不遠了。

聖多瑪斯．阿奎那是天主教會公認的哲學家，他對一個非常重要的問題進行冗長而嚴肅地討論，這個問題，恐怕現代神學家都不經心地加以忽略。他想像有一個食人族的野人，從來只吃人肉，沒吃過其他東西，而他的父母也有同樣的嗜好。他的身體的每個分子，說起來都屬別人所有。我們可以假設：那些被食人族吃了的人，在永世裡就沒有身體，苟若不然，那食人族豈不將一無所有了嗎？如果他的身體都歸還給了原先的主人，那麼又怎麼能夠把他放在地獄裡煎熬呢？這位聖人覺得，這是一個令人疑惑的問題。

正統派也因爲這一點而對火葬提出一種奇怪的反對，這似乎顯示，他們並不充分體認到神的全能。他們以爲：焚化了的肉體，比那埋在地下化爲蛆蟲的肉體，更難爲神重新收拾。把飄散在空中的細分子收集起來，並且使燃燒的化學作用解除，當然是有點費事的，但以爲神做不到這樣一件事情，那確實是褻瀆的。我因此認爲：反對火葬這個想法裡，包含著嚴重的異端。但我的看法是否會受到正統派的重視，倒是值得懷疑。

醫學研究方面的屍體解剖，得到教會許可，是非常緩慢而勉強的。解剖先驅是維薩里（Vesalius）⑦，他是查理五世（Charles V）⑧皇帝的宮廷醫生，皇帝因爲他的醫療技術而保護他，但等到皇帝死後，他就惹上了麻煩。據說，他所解剖的一具屍體，在他的刀下顯出了生命的跡象，他因此就被控殺人。宗教法庭在國王腓力二世（King Philip II）⑨的斡旋之

---

⑦ 維薩里（Vesalius, 1514-1564），法蘭德斯人，近代解剖學之祖。

⑧ 查理五世（the Emperor Charles V, 1500-1558），神聖羅馬帝國皇帝。

⑨ 腓力二世（King Philip II, 1527-1598），西班牙國王，查理五世之子。

下，對他從輕發落，僅判他去朝聖一次。他在歸國途中遇到船難，而死於非命。從那以來的幾百年，羅馬教宗大學的醫學學生，都只可以在非神職人物的身體上動手術，而且免去生殖器部分。

相信屍體的神聖性，本來十分普遍，埃及人尤其如此，因此，採取了木乃伊的製作法。這種信念在中國仍然絲毫未變。有一位受中國人聘請教西方醫學的法國外科醫生說到，他要求供解剖的屍體，中國人聽了大為駭異，可是又告訴他說，他可以改用活的犯人，數量無限。他無法接受這種替代品，而他的中國雇主對這一點可就完全不明白了。

儘管罪有許多種，其中七種是死罪，面對撒旦的詭計來說，最有收穫的範圍，就是色情。正統派天主教對這個題目的教義，可以在聖保羅（St. Paul）、奧古斯丁及聖多瑪斯・阿奎那的作品中讀到。獨身主義（celibacy）是上上策，但那些天生不能禁慾的人，不妨結婚。夫婦行房，只要動機是出於延續香火，就不是罪。在此以外的性行爲，就是罪。即使夫婦行房，如果採用了避孕法，也是罪。人工流產是罪，縱然按著醫學的看法這是挽救母親生命的唯一法子；因爲醫學見解是不可靠的，何況只要神樂意，祂一定能夠靠行神蹟來救人一命。（美國康乃狄克州的法律，把這個看法具體化了。）神以性病來懲罰罪。一點都沒錯，由於丈夫犯罪，他的懲罰可以波及無辜的妻子及兒女，但這是一種神祕的上天管教，加以懷疑是不虔敬的。神爲什麼一直到哥倫布時代才降下性病來，也是我們不可以質問的。既然這是指定的對罪的懲罰，一切求以避免的措施，也都是罪——當然，過有德的生活是例外。婚姻在名義上是不可仳離的，但許多夫婦顯然是貌合而神離。如果是有錢有勢的天主教徒，不難找到使婚姻無效的理由；窮人就沒有這樣的方便。性無能也許可以例外。照神的眼光來看，那些離了婚又再結婚的人，都犯了姦淫罪。

「在神的眼光裡」這句話，令我感到困惑，我們會以爲：神看見一切，但這顯然是個誤解。祂看不到雷諾市（Reno）⑩，否則的話，在神的眼光之下，離婚是不能成立的。婚姻登記所是個問題；我發現，那些體面的人士，對公然犯罪的人，不屑一顧，卻十分樂意訪問那些只辦了民事婚姻手續（未經宗教儀式）的夫婦；這樣看來，神的眼光倒看得見那些婚姻登記所了。

有幾位名人認爲，連天主教有關於性的教理，已經鬆得可嘆。晚年的托爾斯泰（Tolstoy）與甘地都規定：「一切」兩性交媾均屬邪惡，即便是在夫婦之間而又以子孫爲目的。摩尼教徒（The Manicheans）⑪亦作如是想，同時卻靠了人有罪的天性，新門徒的來源便得以源源不絕。不過，這個教訓本是異端，可是，主張婚姻跟獨身主義一樣可取，那同樣是異端。托爾斯泰認爲菸草跟性幾乎同樣的壞。在他所寫的一本小說裡，有個男子想要

⑩ 雷諾市（Reno），美國內華達州西部城市，因辦理離婚簡便而出名。

⑪ 摩尼教徒（The Manicheans），波斯籍聖人摩尼（Mani）之信徒，興盛於三至十二世紀。

殺人，就先抽一支菸來激起行兇所必須的狂暴。《聖經》裡雖然沒有禁止抽菸這一條，不過，照撒姆爾・巴特勒（Samuel Butler）⑫所說的，聖保羅如果知道有吸菸這回事，必定會加以斥責。

說來奇怪，無論教會跟現代大眾都不譴責那種懸崖勒馬式的愛撫，愛撫到什麼程度，罪才開始，論者各有不同的見地。有一位卓越的正統派天主教聖徒主張說：神父如果心無邪念，大可以撫摸修女的乳房。這一點，現代的各權威，是否會同意他之所見，我當然感到懷疑。

現代道德是兩種因素的混合物：一方面是理性的規箴，涉及人在社會中與眾人和睦相處之道，而另一方面，則是種種傳統的禁忌，原來都出於古代的迷信，但大致都出於聖典，其中包括基督教的、回教的、印度教的或佛教的。這兩者多少互相符合；其如，人類理性及神聖命令都主張禁止殺人及偷盜。但是禁止吃豬肉或牛肉，只有經典上的依據，而且僅限於某些宗教。說來奇怪，現代人既然都知道，科學帶來了新知識，同時改變了社會生活的條件，居然還願意接受經典的權威，而其所具體呈現出來的，乃是非常遠古又非常無知的遊牧或農耕民族的見解。許多這般規箴，及神聖的本質，是在這種未受批判情形下爲人所承

⑫ 撒姆爾・巴特勒（Samuel Butler, 1612-1680），英國諷刺詩人，著有《休弟伯拉》諧謔敘述詩。

認，居然將完全不必要的極大悲慘加諸人身，實在令人氣短。人如果有所謂義憤，他們就該設法說明：這些規箴都不可以當眞，就如人不可以照著「爾須變賣一切，周濟窮人」這條命令一樣。

在「罪」這個概念裡，有種種邏輯上的難解之處。我們聽說：「罪」在於違背神的誡命，但是我們也聽說：神是全能的。祂若如此，人就不會違背祂的旨意；因此，如果罪人違背了他的誡命，那麼必定是祂有意任其發生。奧古斯丁大膽地採取這個看法，因此斷言：人所以會犯罪，是由於神加在他們身上的一種盲目（意志）。但是現代的大多數神學家都覺得，如果神使人犯罪，那麼，因爲他們的軟弱而驅他們入地獄，是不公平的。我們聽說，罪在於人忤逆神的旨意行事，不過，這並沒有把難解的問題除去。有些人，就像斯賓諾莎，認眞地認爲神是全能的，於是推論說：罪這樣的事情根本就沒有，這引起各種可怕的結果。什麼！跟斯賓諾莎同代的人會問，難道尼羅王謀弒親母不是罪惡？難道亞當吃蘋果不是罪惡？難道人的行爲全都是一樣的良善？斯賓諾莎的良心感到不安，可是找不到什麼令人滿足的答案。「如果」凡事都照著神的旨意，神必然要尼羅王謀弒他的母親；因此，既然神是良善的，殺人也必然是一件良善的事情了。這樣的推論，實在是無從逃避的。

另外一方面，有人若認眞地以爲：罪就是違背神，他們勢必要說：神是全能的。這樣一來，我們就可以擺脫掉所有邏輯上的困惑。有一派自由主義的神學家，就採取了這個見解。不過，這本身也有種種難解之處。我們怎麼知道神的旨意是什麼？如果邪惡的勢力具有某種能力，他們就會欺騙我們，把他們所做的事情當作是《聖經》上的。這就是諾斯底派（the Gnostics）[13]教友的看法，他們認為：《舊約》是惡靈的作品。

我們一旦拋棄自己的理性，而安心地依靠權威，我們的麻煩就無窮盡。誰的權威？是《舊約》的嗎？是《新約》（*New Testament*）的嗎？是《可蘭經》（*the Koran*）的嗎？實際上，人是因為他們所生長其間的社會而選擇一本被視為神聖的經典，而且他們只選擇其中他們所喜歡的部分，而忽視其他。曾經有一度，《聖經》上最有勢力的經文是：「行邪（巫）術的女人，不可容他存活。」今天的人，都會悄悄地把這一條放過，否則也要說一句道歉的話。可見，縱然我們有了一本神聖的經典，我們還得選擇合於我們自己成見的眞理，舉例來說，有一節經文說：主教應該做一個妻子的丈夫，就沒有被天主教徒所認眞接受。

世人的信念，原因各殊。所信之事，確有證據，是其一。我們就是這樣對付明明白白的事實，其如「某某的電話號碼是什麼？」又如「誰得了世界盃的冠軍？」但是一觸及比較有爭論餘地的事情，信念的原因就變得不足恃了。首先也頂要緊的，大凡使我們自覺是好人的

---

[13] 諾斯底派（the Gnostics），宗教及哲學運動，興於希臘紀元。其教義以為，救恩得自知識，而非藉信心或好行為。若干猶太教派受其影響而否定《舊約》，後與摩尼教派合併。

一切，我們都相信。何模先生（Mr. Homo）⑭如果在消化好而收入也好的時候，就覺得他自己比鄰居某某要講理多了，那位先生的妻子水性楊花，做生意又總是虧本。他總覺得，他自己所住的城市，比五十英里以外的那一個好多了：市商會比較大，扶輪社比較有朝氣，而市長還沒有坐過牢。他覺得，他的國家比其他國家好得太多了。如果他是個英國人，他會想到的，照他的氣質，是莎士比亞與米爾頓，或牛頓跟達爾文，或納爾遜（Nelson）⑮跟威靈頓（Wellington）⑯。如果他是位法國人，有個事實令他自己慶幸：法國在幾世紀以來，都在文化、時裝及烹調上領導世界。如果他是一位俄國人，他私底下會想：只有他的國家才是眞正四海的。如果他是一個南斯拉夫人，可以吹噓他們所產的豬；如果他是摩納哥大公國的居民，他可以吹噓世界一流的賭博。

但是，人所暗自慶幸的，還不僅僅這些事情而已，他又豈不是「萬物之靈」（homo sapiens）中的一分子嗎？在動物裡面，唯他獨有不朽的靈魂，唯他是理性的；他知善惡，背會了乘法表。神當初豈不是照祂自己的形象來造他的嗎？萬物豈不是爲人的方便而造的

---

⑭ 何模先生（Mr. Homo），即「人」的意思。

⑮ 納爾遜（Nelson），英國十八世紀海軍名將，以一七九七年擊敗西班牙艦隊出名。

⑯ 威靈頓（Wellington），英國十八世紀陸軍名將，於滑鐵盧一役大敗拿破崙。

嗎？太陽是要照亮白天，月亮是要照亮夜間——可惜的是，由於某種疏忽，月亮這盞燈，只點亮了一半的夜間光陰。地上所出的各樣果實，是爲了人類的口福。照某些神學家之所言，連兔子的白尾巴也長得有道理，就是讓獵人容易射擊牠們。不過，有些事情挺不方便，獅子跟老虎都太兇猛了，夏天太熱而冬天又太冷。但這些都是在亞當吃了蘋果以後才出現的；在那以前，動物全都吃草，而四季常春。想當初，亞當如果安貧樂道，只吃梨子、花蜜、葡萄、桃子及鳳梨，那今天人的福氣可多著呢！

我們的宗教信仰，考其來源，大抵是個人的或種族的自我中心，連罪也是從自我中心上推演出來的一個觀念。包羅常說，他曾經見到一個總是愁眉苦臉的威爾斯（Welsh）牧師。在同情的探詢之下，他終於道出了悲哀的來由：原來他在七歲的時候對聖靈犯了罪，包羅就說了：「親愛的道友，你不要爲此苦惱；我知道有許多人跟你同病。你千萬不要以爲，這件事使你自己有別於其他人類，只要你去問一下，你就會發現，有此同樣不幸遭遇的人，實在太多了。」那個人從此就霍然而癒。他本來自覺與眾不同而沾沾自喜，但是現在既成爲罪人中的一分子，就沒有興致了。大多數罪人都比較不那麼自我中心；然而神學家無疑都喜歡一種想法：神的震怒特別以「人」爲對象，而祂的愛也如此。米爾頓要我們相信，一個人墮落以後：

……日頭

首先得把它的規箴炫耀，如此地明亮，

似欲以難以忍受之嚴寒熾熱，

懲罰大地，又復從北方喚來

老邁龍鍾之冬，而從南方召來

烈日炎炎的夏。⑰

儘管這些後果多麼令人不快，亞當恐怕也禁不住有受寵之感：爲了要教訓「他」，竟連天地也都要來個大搬家。整套神學，不管是講天堂還是講地獄，總是認定一點：人是宇宙所造萬物中頂重要的。由於所有神學家都是人，所以這個主張沒有人反對。

自從進化論流行以來，「人」的自以爲美，又花樣翻新了。我們聽說：有一個偉大的「目的」，引導進化：千百萬年當中，在只有黏液動物或三葉蟲的時代，在恐龍及大羊齒的時代，在蜜蜂與野花的時代，神都在預備這個「偉大高潮（Great Climax）」。終於，時候

---

⑰ 出自《失樂園》。

到了，祂創造了「人」，其中包括像尼羅王及卡利古拉（Caligula）[18]與希特勒及墨索里尼（Mussolini）這樣的優秀品種，他們的超越榮耀，正是這漫長的痛苦歷程之所求。這個殘廢又無能的結論，要我們當作全能者（omnipotence）之卓越努力來敬拜，就我個人而言，我倒覺得，比較起來，永世的定罪較不荒唐，也較不可笑。神如果全能，祂爲什麼不省掉這一番漫長而可厭的前奏，而馬上演出榮耀的結果？

人是否眞如進化論的神學家所言如此之榮耀，不必在此多說。但是另有一個難題：在這個星球上的生命，幾乎一定是短暫的。地球會變冷，大氣會漸漸遠離，將來一定也會缺水，或者，有如詹姆士・簡恩所說的溫和預言：太陽必會爆炸，於是所有的行星重新變成氣體。這其中哪一樣會先發生，誰也不曉得；但不論如何，人類最後必定滅絕。當然，照正統派神學的眼光來看，這樣一件事無足輕重，因爲人是不朽的，即使無法在地球上立足，仍然要存在於天國與地獄。既然如此，世界的開發豈非多此一舉？有些人，看重從原始黏液進化到「人」這個漫長過程，他們當然也看重這個凡俗的世界，那麼他們應該會逃避以下這個結論：地球上的生命只不過是星雲及永遠冰凍之間的一個短暫插曲，或者只存在一個星雲及另

---

⑱ 卡利古拉（Caligula, 12-41A.D.），羅馬皇帝蓋烏斯・尤利烏斯・凱撒・奧古斯都・日耳曼尼庫斯（Gaius Julius Caesar Augustus Germanicus）之綽號，繼提比略爲帝，爲政殘暴無道，終爲人所弒。

一個之間。以人爲中心這個神學家不能放下的教條，根據太陽系未來以觀之，根本就毫無科學的支持。

除了自我中心以外，還有許多其他的虛假信念來源，其中之一，就是對於奇行異事的愛好。我從前認識一位有科學頭腦的魔術師，他常在一小群觀眾前表演，然後要求他們各自寫下他們所見到的情狀。他們幾乎一定會寫出比實際情形更令人吃驚的事情，而且往往是魔術家都做不出來的。可是他們全都以爲，他們所說的，千眞萬確是他們親眼所見。這種以假亂眞的曲解，在謠言這件事情上尤其眞實。甲告訴乙說：他昨天晚上見到某某先生，就是那有名的禁酒主義者（prohibitionist），因爲喝了烈酒，稍有醉態；乙就告訴丙說：甲看到那位好人酩酊大醉，丙告訴丁說：他醉臥陰溝，被人撈了起來，丁又告訴戊說：大家都知道，他幾乎無夜不醉。當然，到了這個地步，其中就另有用心了，那就是惡意中傷。我們對鄰居都沒有好感，所以只要有雞毛蒜皮可做把柄，就會火上加油，但是縱使沒有這樣的動機，奇人異事一樣受人輕信，除非違背強烈的偏見。一直到十八世紀，歷史上全都是不可思議的了不起大事，現代歷史學家一概不予採信，並非因爲這些事情不如歷史家接受的事實那樣經得起考驗，而是因爲現代的飽學之士，寧取科學所視爲或然可能之事。莎士比亞說到，在凱撒被刺的前一夜，

有一個平常的奴隸——一眼就看得出來——

把他的左手舉起，竟然燃燒出火焰
就像紮在一起的二十枝火炬；可是他的手，
一點不覺火燒，也絲毫未曾灼傷。
另外——以後我就不敢收起佩劍——
我遇到一頭獅子擋在神殿前面，
牠對我怒目而視，陰沉地走過，
倒沒有麻煩我；那裡又聚集了
上百個憔悴的婦女在小丘上，
都嚇得臉無人色，異口同聲地說，
看見一些人全身起火在大街上遊行。⑲

這些並非莎士比亞自己編出來的；他是在有名的歷史作品中讀到的，而我們對於凱撒的認識，也是根據這些歷史的記載。在一個偉人之死，或在一場大戰之初，總是會有這類事情出

⑲ 莎士比亞《茱莉亞・凱撒》中第一幕第三場。

現，甚至在最近的一九一四年，又有人見到「蒙斯的天使（angels of Mons）」⑳鼓舞英軍的士氣。這類大事的證據，罕有事實的依據，因此，現代歷史學家都不接受——當然，遇到一件有宗教意味的事情，就又另當別論了。

凡是強烈的情緒，都別有一種製造神話的傾向。遇到那情緒爲某一人所特有，而他又相信他所杜撰的那些神話，他就被人看成多少是個瘋子。但是碰到了一種集體性的情緒，其如在戰爭之中，就沒有人來揭穿那自然發生的神話。因此，在所有發生重大集體騷擾的時代裡，那些毫無來由的謠言，就會爲大眾所相信。在一九一四年的九月，英國幾乎人人都相信：俄國軍隊已經取道英國前往西線戰場。每個人都說，有人見到過，可是沒有一個人親眼目睹。

這種製造神話的本事，往往跟殘酷行爲連手。自從中世紀以來，世人都共指猶太人行殺人儀式。這種非難根本是空穴來風，考察過其事的明白人，是不會相信的。可是此說歷久不衰。我見到一些白俄，都深信不疑，而許多納粹，簡直把這當作事實。這樣的神話，被人拿來當作橫施苦刑的藉口，無憑據地加以相信，證明人心裡有各種莫名的渴望，要找到受害者來加以逼迫。

---

⑳「蒙斯的天使」（angels of Mons），蒙斯是比利時的都市。一九一四年，英國軍隊被德軍打敗的地方。

一直到十八世紀之末，都有一種說法：瘋狂是起於鬼魔附身。論究起來，凡是病患所說的苦楚，鬼魔也在所難免，於是有了最好的治療法，就是使病患受到不堪的苦楚，搞到鬼魔離家出走爲止。遵照這種說法來辦，瘋子都飽受毒打。英王喬治三世發瘋時，即是用此法治療，但沒有效果。在漫長的醫學愚行的歷史中，凡是被人相信過而幾乎全然無效的治療方法，莫不讓患者痛苦不堪，這眞是一個奇怪而痛苦的事實。麻醉劑發明的時候，敬神的人都認爲，這是有意規避神的旨意。不過，有人倒指出：神在取亞當的肋骨之前，先使他沉睡。這證明：麻醉劑可以用於「男人」；而女人卻應當受難，因爲她身上有夏娃的詛咒。西方人爲了爭取婦女投票權，已經證明這個說法是錯的，但是在日本，一直到今天，臨盆的婦女都不許接受麻醉劑的鎮痛手術。既然日本人並不相信〈創世紀〉，那麼這種虐待恐怕別有理由吧！

關於「種族（race）」及「血統（blood）」的種種謬誤，從來膾炙人口，納粹更以官方的信條使之具體化；那都是沒有客觀理由的；它們之所以爲人相信，就是因爲可增加自尊，也可滿足殘酷的衝動。這種信念，不論採取何種形式，都古老一如文明；它們的形式會改變，而本質如舊。希羅多德（Herodotus）㉑告訴我們：居魯士（Cyrus）㉒從小由農民

㉑ 希羅多德（Herodotus, 484-425B.C.），羅馬歷史家，人稱「歷史之父」。
㉒ 居魯士（Cyrus），西元前六世紀波斯帝國國王，創波斯帝國。

養大，完全不知道自己有王族血統；到了十二歲，他跟其他農村童子嬉戲，顯出了王子威儀，因此而眞相大白。這種故事，在印歐各國所在多見，只是大同小異罷了。連那些很現代的人都會說：「血統自明。」根據科學的生理學家，愼重其事地告訴世人說：一個黑人的血液，跟一個白人的血液，兩者並無差別。但這話還是白說了。美國紅十字會，順從大眾的偏見，在美國捲入上次世界大戰之初，發布命令說：輸血的時候，不可使用黑人的血液。經過了一番騷擾之後，才讓步說：黑人的血液也可以使用，但只用於黑人的病患。同樣的情形發生在德國，亞利安人種的士兵需要輸血，一定嚴加保護，免受猶太血液的汙染。

說到種族這件事，不同的社會有不同的信念。君權穩固的地方，君王比之臣屬，當然是龍種有本。一直到最近以前，大家都一致認爲：先天上男子比女子聰明。像斯賓諾莎這樣一個開明的人，都會據此反對婦女投票權。在白人當中，大家都相信，白人的天性優於其他有色人種，特別是優於黑人；日本人的想法剛好相反，黃顏色才最優秀。在海地（Haiti）㉓，他們把基督塑成黑色的雕像，而撒旦則爲白色。亞里斯多德與柏拉圖都認爲：希臘人在智能上優於野蠻人，因此，奴隸制度是說得通的，只要主人是希臘人而奴隸是野蠻人。美國的立法者在當初制定移民法時，就考慮到：北歐人優於斯拉夫人、或拉丁人或任何其他白人。但

㉓ 海地（Haiti），大西洋西印度群島中一黑人國。

是納粹，受到戰爭的壓力，竟然會認定：在日耳曼以外沒有眞正的北歐人；而挪威人，除了奎士林（Quisling）㉔及他的黨羽以外，都因爲跟芬蘭人及拉普人等通婚而受到汙染。於是政治就成了一個血統問題的線索。在生物學上純粹的北歐人，熱愛希特勒，如果你不愛希特勒，那證明你的血不純。

凡是研究過這個題目的人，當然都知道這全是一派胡言。在美國的各學校裡，來歷極爲不同的兒童，都接受同樣的教育，而那些專門測量智商並估計學生天賦能力的人，都看不出有什麼這類種族差異，其如那般種族空談家所說。每一國每一族都各有聰明的跟笨的兒童。就美國而言，有色兒童不太可能發育得像白色兒童那麼好，因爲他們都受到社會自卑感這種精神傷害的影響。可是只要我們能夠把先天能力跟環境分開來，那麼不同種族之間就沒有什麼明顯的區別。優秀種族這整個概念，不過是得勢者自負自尊所產生的一個神話。將來有一天，一定會有人提出更好的證據，說不定，到時候教育家將能夠證明（譬如說）：一般的猶太人都比外邦人（Gentiles）聰明。但是，目前還沒有這樣的證據，因此，一切所謂優秀種族說（superior race），只可視之爲胡說。

㉔ 奎士林（Quisling, 1887-1945），挪威政治家，組「國家統一黨」，仿效納粹。後協助德國設計入侵挪威，成立傀儡政權，戰後被捕，以叛國罪處死刑。

把種族理論（racial theory）應用到歐洲各地居民身上，特別荒唐不經。在歐洲根本就沒有純粹種族這回事。俄羅斯人身上混合著韃靼血液，日耳曼人大多是斯拉夫種，法蘭西人是居爾特人、日耳曼人及地中海種族的混合，義大利人也一樣，另外還加上羅馬人進口的奴隸後代。英格蘭人也許是所有人種裡面最複雜的。屬於一個純粹種族，到底有什麼好處，毫無憑據可說。現存最純粹的種族是侏儒族（the Pygmies）[25]、霍登達族（the Hottentots）[26]及澳洲的土著。塔斯曼尼亞人大概更要純粹，已經絕種了。他們都不是一種燦爛文化的繼承者。古代的希臘人剛好相反，是由北方各蠻族及固有居民混合而產生；當時最文明的雅典人及愛奧尼亞人，也都是最複雜的。這樣看來，所謂種族純粹性的好處，完全想像而然。

關於血統的種種迷信，形式各異，但跟種族都毫無瓜葛。反對殺人這件事，似乎起源於獻祭物的血所造成儀式上的汙染。神向該隱說：「你兄弟的血，有聲音從地裡向我哀告。」[27]根據一些人類學家的說法，該隱的印記是一種偽裝，使亞伯的血找不到他；這似乎

---

[25] 侏儒族（the Pygmies），非洲中部土著，以矮小得名。
[26] 霍登達族（the Hottentots），南非洲土著，近於布西門族。
[27] 事見《舊約．創世紀》第四章，該隱與亞伯兄弟，後該隱殺亞伯。「耶和華就給該隱立一個記號，免得人遇見他就殺他。」（〈創世紀〉四．十五）

也是穿喪服的最初理由。在許多古代社會裡，謀殺及意外殺人是無所區別的；無論發生了哪一種情形，都必須舉行同樣的儀式潔淨法。血會汙染這個想法，一直留到今天，其如婦女安產儀式，以及跟月經有關係的各種禁忌。以爲一個孩子是他父親的「血脈」這個想法，有同其迷信的起源。就眞正的血來說，進入孩子體內的是母親的血，而非父親的。如果血緣眞的如所說那麼重要，唯一適當的追溯血統的方式，應該是母系遺傳。

在俄國，由於受到馬克思的影響，革命以來的百姓，都按照他們的經濟起源而分類，因此而產生種種困難，正如德國種族理論家對北歐人種所提出的那些。有兩個理論必須加以協調，一方面，普羅階層（proletarian）都是好的，其他百姓都是壞的；另一方面，共產黨徒都是好的，其他人都是壞的。唯一可以獲致協調的辦法，就是把所用語詞的含義加以改變。「普羅階層」的意思，就是支持政府的人；列寧儘管出生貴族，卻被算做是普羅階層的一分子。另一方面，「庫拉克（Kulak）」[28]這個字，本來的意思是指一位富有的地主，後來泛指反對集體化的農民。如果一群人被視爲先天上優於另一群，這種荒謬想法必定會產生。在美國，一位傑出的有色人安享天年以後，大家會說「他活著的時候是『白人』」，當

---

[28] 「庫拉克」（Kulak），俄文譯音。

作一種最高的稱讚。勇敢的女子被叫做「女中丈夫」；馬克白（Macbeth）㉙稱讚他妻子勇敢，他說：

你所生的都是男孩，
因爲你那大無畏的氣概，
只會孕育出男子來。㉚

以上這些說法，都出於不情願放棄愚蠢的概括見解。

在經濟方面，也有許多流傳很廣的迷信。世人爲什麼看重黃金及寶石？並不只因爲其稀有：有幾種元素被稱爲「稀有土類（rare earths）」，遠比黃金稀少，但是除了少數科學家以外，誰都不會花錢去買它們。有一種說法，十分值得推敲，以爲：黃金與寶石，原先被認爲具有魔法性質而受到重視。現代各政府所犯的種種錯誤，足以顯示出：那般所謂「講求實際」的人，仍然抱著這種迷信。在

㉙ 馬克白（Macbeth），莎士比亞《馬克白》悲劇主角，因受惡妻慫恿而弒王，後受惡報。
㉚ 《馬克白》第一幕第七場。

一九一四至一九一八年戰爭結束之際，大家談妥了，德國先以巨額金錢賠償英法兩國，他們接著再把巨額的款項（戰時負債）付給美國。每個國家都要求以金錢給付，而不接受貨物；這些「講求實際」的人，都不曾想到：世界上並沒有那麼多的金錢。他們也未曾注意到：金錢除了用以購買東西以外毫無用處。由於他們不肯這樣使用它，它果然對誰都無益。大家都以爲黃金有某種神奇的價值，所以値得花力氣把它從川斯瓦（the Transvaal）㉛挖出來，然後安放在美國銀行地窖庫房裡。到了後來，負債的各國已經沒有黃金了，而又不許以貨物償債，當然只好破產。經濟大恐慌直接起於世人相信：黃金有魔力。這迷信現在似乎已經消失，但無疑有其他的取代之。

大致上說來，支配著政治的，是那些並無眞理在內的陳腔濫調。

有一句流傳最廣的格言，說的是「本性難改」。在沒有把「本性（human nature）」搞清楚以前，誰都不能說：這句話對或不對。但照一般的用法，那一定是錯誤的。甲先生帶著大有智慧的氣派說了這句格言，他的意思是說：每個地方的人行事爲人，一定是照舊不變，正如他自己故鄉居民之所爲。如果稍讀一點人類學，這個想法就會化爲烏有。西藏人一妻有多夫，因爲男人都太窮了，養不起一整個妻子。可是，去過那裡的人都說，他們的

㉛ 川斯瓦（the Transvaal），南美聯邦一州，以產金出名。

家庭生活，不見得就比別的地方不好。未開化的部落，把妻子出租給客人，是很平常的做法。澳洲的土著，到了青春期，要經過一種非常痛楚的手術，這使得他們的性能力從此大大地減少。殺嬰之風，看起來違背人性，可是幾乎普遍於基督教興起以前，而柏拉圖曾加以推崇，以防止人口過多。有些野蠻種族，並不承認私人財產。即便是高度開化的人民，經濟考慮也淩駕於所謂的「人的本性」之上。以莫斯科而言，那裡的住宅奇缺，如果碰到一位未婚女子懷孕，往往有許多男子出面，爭取合法權，要做那未出生孩子的父親，因爲一旦判定了誰是父親，他就有權利跟這女子共住一室，而半間房總聊勝於沒有屋頂。

事實上，成年人的「本性」極其可變，要看教育環境而定。食色本是非常普遍的需求，但是提貝德（Thebaid）㉜隱士完全禁絕性色，而且把飲食減少到僅足以維生的最低程度。靠了飲食方法與訓練，教育家可以照他的意思，使人變得兇猛和溫柔，如主人般大方或如奴才般卑賤。無論哪一種顛倒黑白之說，在政府的大力宣傳之下，都可以爲大眾所相信接受。柏拉圖打算根據一個神話來建造他的共和國，他承認，這個神話是荒謬的，但是他有理由相信：民眾在誘導之下會加以相信。霍布斯認爲：不論一個政府多糟糕，人民也應該加以敬重。有人就反駁說：如此不合理的事情，要取得一致的認同，恐怕不太容易，他就提出

㉜提貝德（Thebaid），古埃及底比斯（Thebes）周圍地區，多苦修隱士所居。

以下事實來答辯：民眾都是在誘導之下相信基督教，其如基督變體這個教條。如果他活在一九四〇年，目睹日耳曼青年效忠納粹，就更可為他的論點找到有力的證實。

自從大型國家興起，政府左右人民信仰的勢力，日甚一日。羅馬皇帝悔改後，大部分羅馬人都變成了基督徒。羅馬帝國的某些部分，為阿拉伯人征服，那裡的人民，大多放棄基督教而信回教。西歐天主教及新教地區的分裂，是在十六世紀中由政府的態度所決定。但是，政府左右信仰的勢力，在今天尤其大於過去任何一個時代。一種信仰，無論其多麼不眞實，一旦足以支配大群民眾的行動，就變得重要。在上次世界大戰以前，日本、俄國及德國各政府宣揚的不同信念，其為重要，即由於此。由於這些信念完全分歧，所以不能夠全是眞的，但很可能全是假的。說來不幸，這些信念竟然鼓動人類互相殘殺，甚至到了一個程度，幾乎完全壓抑了自我保存的願望。有這個證據擺在面前，我們無法否認：只要有武力，欲驅使一國人民變成狂信的瘋子，實在易如反掌。要使人民變得頭腦清醒而講理，也同樣容易。但許多政府並不願意這樣做，因為這樣的人民，不會去崇拜那些位居政府要職的政客。

本性難改之說，有一個特別有害的發揮。那就是「世上必有戰爭」這個獨斷論，因為我們天性如此，所以我們覺得需要戰爭。事實是：一個人如果其飲食方式及接受的教育跟大多數人相同，在受到激怒的時候，會有爭鬥的願望，但是，除非他有勝算在握，他不會眞正的起而爭鬥。被警察攔住是非常令人惱怒的事，但是我們不會跟他打架，因為我們曉得：壓倒性的國家勢力支持著他。那些沒有機會可以作戰的人民，並不會使人覺得，他們在心理上受到了挫折。瑞典自從一八一四年以來，就不曾有過戰爭，可是瑞典人是世界上最快樂也最滿足的。在這種全國性的幸福之上，只有一片陰影，就是害怕捲入下一次大戰。假如政治組織良好，使得戰爭顯然無利可圖，那麼無論人本性如何，都不會強迫其發生，也不會因爲其不發生而使一般人民不幸福。今人所持的戰爭無法預防之說，正好是從前人用來替決鬥辯護的，可是，我們並不會因爲不准決鬥而覺得辜負平生。

我深深相信：在政府的推動之下，全國人民會相信而崇之的荒唐可笑之事，是絕對沒有限制的。給我一支相當大的軍隊，並給我權力來供養這支軍隊，使其報酬及伙食超過一般人民之所得，那麼我就願意接受使命，在三十年之內，使得大部分的人口都相信二加二等於三，以及使他們相信：水受熱而凍，遇冷則沸，或任何其他可以迎合國家志趣的胡說八道。當然，就算這些信念已經建立了，人民也不會把茶壺放進冰箱來煮開水。至於冷水沸騰，或會成爲主日學的眞理，既神聖而奧祕，要用敬畏的語調來宣告，但是沒有人會在日常生活裡這樣做。可能會發生的事情是：凡在口頭上否認這個奧祕教條的人，就會被視爲非法，而固執的異端，就要在火刑柱上「凍死」。凡是不熱心接受官方教條的人，就不准教書，也不准擔任地位重要的公職。只有那些眞正最高級的官員，在喝茶的時候，才會彼此耳語說，這一切全是垃圾；然後放聲大笑，再來一杯。照若干現代政府之所行所爲，這簡直說不上是一幅諷刺漫畫了。

我們大不幸的原因之一，就是有人發現：人是可以用科學方法來操縱的，而且又發現到：政府能夠驅使大群的人，走上他們（政府）所選擇的路子。一群心智自由的公民，跟一個由現代宣傳術捏造出來的社會，兩者之間的差距之大，就如一堆原料之於一艘戰鬥艦。教育得以普及，原意是爲了所有人都能夠讀書寫字，但卻被人發現到：可以把它用於其他大異其趣的目的。以教育來灌輸荒謬的言行，可以團結人民，而產生集體的熱心。

如果所有的政府都拿同一個謬理來教導人民，那害處還不致於這麼嚴重。可惜，每個政府各有自己的一套。這種多樣性，有助於產生不同信條狂信者之間的同仇敵愾。如果這世界上眞的會有和平，各政府就必須來個協調：或者不宣傳教條，或者全都宣傳同樣的教條。前者恐怕就是一種烏托邦的理想，不過他們或許會同意來集體教導一種觀念：每個地方的公職人員，全都賢能兼備。或許，在下一次大戰以後，倖存的政客會發現，按照如此這般的綱領來團結，是上上策。

但，如果隨眾附合（意見一致）有其危險，則標新立異（意見不一致）亦如此。有些所謂「進步思想家」都以爲：那不苟同俗見的人，必然有理。這是一個錯覺；如其不然，眞理的出現，就應該容易多了。錯誤的可能性是無窮無盡的，而執迷於不流行錯誤的狂人，多於接受不流行眞理的。有一次，我遇到一個電氣工程師，他見了我就說，「先生你好。信心治療的辦法有兩種，基督所行的是一種，大多數基督教科學家所行的又是一種。我所行的，是基督的辦法。」不久以後，他就因爲造假帳而坐牢。信仰竄入到這個範圍來，法律並不另眼相看。我也認識一位卓越的瘋狂症醫生，他熱愛哲學，闡揚一種新邏輯學，這，他坦白地承認說，是從瘋狂患者那裡學來。他臨死時，留下遺囑，要創辦講座基金闡揚這種新的科學方法，可惜，他身後一無所有。數學經證明，足以對抗瘋狂邏輯。有一回，有個人請我推薦幾本我寫的書，因爲他對哲學有興趣。我照辦，但是他次日回來說：他讀了其中的一本，而發現：只有一句話他能懂，而那句話，在他看來又錯了。我請問他，那是哪一句，他說，就是說凱撒已經死了這句話。我就問他，他爲什麼不以爲然，他挺身而坐，說：「因爲我就是凱撒。」這些例子足以讓你明白，做人古怪並不保證你做人對。

科學向來都必須對抗世俗迷信而掙扎前進，如今又要在心理學方面展開一場最艱苦的戰鬥。

那些自以爲洞察人性的人，碰到了心理異常的情形，一定會茫然不知所措。有些少年從來都不懂得動物的「家規」㉝到底是什麼意思。那些不容孩子撒野的大人，每以懲罰對付；孩子被打一頓，碰到再犯的時候，打得更兇。研究過這個問題的醫學家，都曉得，尿床是愈打愈厲害的。其原因有時是生理上的，但通常是心理上的，要把某種深藏內心而很可能不自覺的惱恨除去，才治得好。但大多數人都以懲罰惹人厭的孩子爲樂，而把醫學的見解當

㉝動物家規（house-trained），指訓練動物到一定地點大小便，此借喻幼童的清潔習慣。

作無稽之談。同樣的話，也可以用來說那些暴露狂，他們被一而再再而三地送到監獄去，但是一等出獄，又故態復萌。有一位專長這類疾病的醫學家，向我保證說：暴露狂是治得好的，辦法很簡單，只要讓他們穿上後面而非前面開襠的褲子即可。可是沒有人嘗試過這個法子，因爲這不足以滿足世人的報復衝動。大致說來，對於動機不瘋狂的罪行，懲罰可能有防止效果，但不能防止那些出於心理異常的案子。這現在大家有點明白了：我們把竊盜分做兩類，一種是普通的，出於所謂的理性利己心；另一種是竊盜癖，爲異常現象。處理殺人狂，現在也有別於一般兇手。可是性反常行爲，竟招致極其厭憎的情緒，所以仍然以懲罰對之，而不以醫學治療之。公憤，儘管大體上說是一股有用的社會力量，但用它對付只有醫學技能可治療的疾病患者，即會變爲有害。

說到整個國族，同樣的事情也會發生。在一九一四至一九一八年大戰期間，人民的報復情緒很自然地產生，而對戰敗的德國人施以嚴厲懲罰。在第二次世界大戰期間，有人表示：凡爾賽公約（Treaty of Versailles）實在溫和得可笑，不足以給人一個教訓；這一次（我們聽說）可要拿出「眞正」厲害的手段來了。照我的意思，我們當初如果把納粹大小上下都看成是瘋子，而不僅僅視他們爲單純罪犯，我們應該較有可能防止德國侵略的重演。監禁瘋子，事所當然，但監禁瘋子是出於謹慎，而非作爲一種懲罰，因此，只要在謹慎許可之下，我們可以設法使他們快樂。大家都知道：一個殺人狂，如果處境不堪，就會變得更囂張。在納粹黨徒裡，有一些是普通罪犯，但眞正瘋狂的，也不在少數。如果要順利地把德國包容在西歐以內，那種要使他們覺得特別有罪的宣傳，就必須完全放棄。受懲罰者，對施懲罰者，不會有好感。德國人既然仇恨其他人類，那和平自然難保了。

我們在書上讀到野蠻人或古代巴比倫人及埃及人的信仰，都會覺得出奇地任性荒誕，可是在最現代及最文明的社會裡，仍然有那些未受教育者，懷抱著同樣荒誕的信念。有人愼重其事地告訴我，美國人都相信：三月出生的人命運不好，而五月出生的，特別容易長雞眼。我知道這些迷信的來歷，很可能出自巴比倫人或埃及人的祭司傳統。迷信是從較高的社會階層開始，然後，就像河流裡的汙泥，依教育水平逐漸往下沉澱；要沉到底，可能需三、四千年。在美國——你很可能會發現——一個黑人女僕所講的一句話，是直接出自柏拉圖——並非學者所引述柏拉圖名言，而是他所說顯然毫無意義的話，其如，在這一生裡不追求智慧的，下一輩子還會做女子。替大思想家做註解的，對這些愚蠢之談，都敬而遠之。

亞里斯多德，儘管他名氣很大，卻充滿了荒謬思想。他說：嬰兒受胎應該在冬天，因爲風在北方，又說：結婚年齡太早，會生女兒。他告訴我們說：女性的血液比男性的顏色深；豬是唯一會感染痲疹的動物；象患了失眠，應該用鹽巴、橄欖油及熱水來磨擦牠的肩膀；女人的牙齒比男人少，諸如此類。儘管如此，絕大部分的哲學家都視他爲智慧模範。

對於吉日及凶日的迷信，幾乎各地皆然。古代將軍出兵，一定要選擇黃道吉日。今天的人，對星期五及十三這個數字抱著很深的成見，所以水手不喜歡星期五出航，而許多旅館都沒有十三樓。那些有名的智者，也曾經忌諱星期五跟十三；現在他們可認爲這些是無害的愚昧。大約再過兩千年，今天智者所抱的許多信念，也必會變得同樣愚蠢。人這種動物，容易流於輕信，而且必須有所相信。若無好的依據以資相信，他就以壞的理由爲滿足。

相信「自然（nature）」以及什麼是「自然的（natural）」，是許多謬誤的來源。這從前在醫藥上有很大作用，至今仍頗具效力。人的身體，任其自然，會有自療能力；小割傷通常都會癒合，感冒會過去，即連嚴重的疾病，往往也會不藥而癒。但是，即使是這些事情，人也應助自然以一臂之力。割傷如果不消毒就會發炎，感冒會變成肺炎。在遠方探險及旅行的人，患了嚴重的疾病，只能不加以治療，因爲沒有選擇的餘地。許多習慣本來是「不自然的」，其如穿衣及盥洗，後來就變得「自然」。人必定先發現，在嚴寒氣候中，難以生活，始採用衣著。在起碼清潔都談不上的地方，居民罹患各種各樣的疾病，其如傷寒，而西方人民卻得以免疫。從前人都以疫苗的接種爲「不自然」（今天仍然有人這樣想）。可是，這樣的反對，難以自圓其說，因爲誰也不會說：骨頭折斷了，靠「自然的」行爲就可以恢復。吃烹調過的食物，是「不自然的」；在屋子裡設暖氣也是。傳說活在西元前六百年左右的中國哲學家老子，反對道路、橋樑及船隻，因爲都是「不自然的」。他由於厭惡這些機心的設計而離開中國，去跟西方野蠻人生活。文明裡的每樣進步，剛出現時，都因爲不自然而受到排斥。反對節育，有個最平常的理由，就是：這是反乎「自然」。（由於某種理由，我們不准說：獨身主義是反乎自然的；我能夠想到的唯一理由是：這不是新鮮事。）馬爾薩斯（Malthus）㉞只看到三種減少人口的方法：道德上的禁慾、不道德行爲及赤貧。他承認，道德禁慾，不可能大規模實施，而「不道德的行爲」，也就是指節育，他以一個教士的身分視爲可厭。剩下來的就是赤貧了。他住在舒適的牧師公館裡，平心靜氣思量大多數人類所過的赤貧生活，批評那些想要加以緩和的改革家，指出他們所犯的謬誤。站在神學立場反對節育的現代人，不見得比他誠實。他們一廂情願認爲，不管有多少張嘴巴要吃飯，神都必供應。他們都忽視了一個事實：祂老人家過去從來不曾這樣做，而任由人類遭受定期饑荒，讓幾百萬人口死於飢餓。他們想必別有見地——如果他們是心口一致的——從此時此刻起，神必不斷行神蹟，來供應祂從前認爲不必要的麵包跟魚。或者他們也許會說：在地上受點罪，沒什麼關係；要緊的是來世。大多數因爲他們反對節育而出現的兒童，照他們的神學來說，都必下地獄。因此，我們不得不以爲：他們所以反對改善地上生活，就是因爲他們認定：讓百千萬人口受永世折磨，是一件好事。跟他們比較之下，馬爾薩斯就顯得是好心人了。

婦女，是最強烈愛情及謬誤的對象，引起的種種複雜情緒，由膾炙人口的「智慧

㉞ 馬爾薩斯（Malthus, 1766-1834），英國經濟學家，著有《人口論》。

（wisdom）」具體表達出來。

對於女人這個話題，每個男女幾乎都會任其所好，接受某種全然站不住腳的概念。已婚男子，就這個主題做概括來說時，憑他們的妻子下判斷，而女子則憑她們自己下判斷。根據男人看女人，寫一本歷史書，恐怕很逗人。在古代，男性的優越地位未受懷疑，而基督教倫理尚不爲人所知，女人因此無害，只是相當愚蠢而已；一個男子如果拿她們當眞，就多少讓人瞧不起。柏拉圖認爲，他有一個嚴肅的理由，可以反對戲劇，原來：寫劇本的人，在塑造其劇中女性角色時，必須模仿女子。基督教出現，女人擔當了一個新角色，就是誘惑者；但同時又發現她能夠成爲聖人。在維多利亞時代，聖人這個角色比較受重視，超過誘惑者，因爲維多利亞的男子，不敢自承容易受誘惑。女子因爲有優越美德，所以不使她們參與政治，據說，政治這檔事談不上高潔操守。但是，初期的女權運動者，把這個說法逆轉過來，而爭論說：有了女子參與，政治就得以高尚。由於這後來經證明是個幻覺，大家就不太談女子的美德了。但是仍然有不少男子，堅持僧侶的看法，說女子是誘惑者。女子自己這方面呢，她們自認講理，她們要做的，就是消除男子衝動愚行造成的惡果。我個人不相信「一切（all）」關於女子的概括說法，無論是討好的與不討好的，英雄的與英雌的，古代的與現代的；依我看，這全是經驗不足之談。

兩性對女子所抱態度均極不合理，此在小說中——尤其是壞小說——都可以讀到。男子所寫壞小說，其中必有作者戀愛的女子，她通常是魅力十足而又無能爲力，需要男性的保護。不過，有時候她成為誇大仇恨的寄託，其如莎士比亞筆下的克利奧佩特拉，變得邪惡不堪。男性在描寫女主角時，並非根據觀察，而只依他自己情緒之好否。他寫其他女性角色就比較客觀，甚至會根據筆記；但是他一戀愛，熱情必遮蔽他的目光，而看不清熱情的對象。女性小說家也在她們的書裡描寫兩種女子：其一是她們自己，既有魅力而又親切仁慈，為惡人所垂涎，善人所敬愛；她敏感、心意高尚、而總未受賞識。另外一種，是以所有其他女子做代表，一般的形容是：小氣、壞心眼、殘酷又善於欺騙。看起來，無論男子或女子，若要不帶偏見地來看女子，都不容易。

關於國民特徵的概括來說，就像對女子的概括來說，同樣流於泛泛，也同樣不足為憑。在一八七〇年以前，大家都以為：德國人是一些戴眼鏡的教授，憑他們自己的頭腦發展一切，而幾乎不知此世何世，但是，這個想法，從一八七〇年以後，就得大大地修正了。在一般美國人想來，法國人好像總是在鬧桃色糾紛，惠特曼（Walt Whitman）㉟描寫法國人，他說：「一對躺在活動床上的淫蕩法國夫婦。」前往法國居住的美國人，看到他們對家庭生活的重視，都會感到吃驚，或許也感到失望吧。在俄國革命以前，大家都認為，俄國人的斯拉夫靈魂是深奧難測的，他們雖然因此而無能於正常行為，卻也因此別具一種深刻的智慧，而

㉟惠特曼（Walt Whitman, 1819-1892），美國詩人，著有《草葉集》，鼓吹美國式的民主。

爲較重視實際各國族所不能望及。這一切突然有了改變：大家都絕口不提俄國人的神祕，而只提到那些最世俗的理想。事實眞相是，一國對另一國個性的認識，有賴於少數出頭的個人，或有賴於那掌握大權的階層。因爲這個理由，這個話題上的一切概括說法，都可能因爲一次重要的政治改變而被完全推翻。

要避免人類都容易落進去的那些愚蠢見地，並不需要超人的天才。有幾個簡單的法則，可使你免於——並非「一切」謬誤——愚蠢的謬誤。

如果一個問題可以靠觀察來澄清，你就要自己去觀察。亞里斯多德誤以爲女子的牙齒比男子的少，這錯誤本來可以避免，只要他請亞里斯多德夫人張開嘴，讓他數一數。但是他並不曾這樣做，因爲他以爲他曉得了。以不知爲知，是我們全都會犯的嚴重錯誤。我個人相信：豪豬愛吃黑甲蟲，因爲我曾經聽說如此，但如果我要寫一本關於豪豬習性的書，我就不敢率爾動筆，除非我親眼看到，一頭豪豬正拿這種難吃的東西當大餐。亞里斯多德實在有欠謹愼；古代及中古作家，對於獨角獸與蜥蜴，都知道得一清二楚；這些都是他們從未親眼見過的，可是，他們卻不認爲：在說到牠們時，應儘量避免武斷。

不過，有許多事情，比較不容易做經驗上的試驗。假如，你像大多數人類一樣，對許多此類事情抱著熱切信念，那麼這裡有幾個方式，可以使你意識到自己的偏見。如果你因爲別人的意見跟你牴觸，而感到不快。那就顯示出：你在下意識中已經留意到，你自己的想法理由不足。如果有人硬說：二加二等於五，或者說：冰島是在赤道，你只會覺得他可憐，而不覺其可惡；除非你對數學或地理一無所知，他的看法才會動搖你自己的相反信念。最野蠻的爭論，無論哪一方面，都沒有充分的證據。神學會造成宗教逼迫，而數學不會，因爲數學講知識，而神學只講意見。所以，每當你發現；自己對某一意見之分歧感到懊惱，你就該小心了；在考察之後，你很可能會發現，你所相信的事情，並無憑據。

有個好法子，可以除去自己的某些獨斷想法，就是常留意不同社會團體所主張的意見。我在青年時代，大多住在國外——在法國、德國、義大利及美國。我發現，居留國外非常有好處，可以減少隔離性偏見的強度。如果你不能夠出外旅行，就要去找那些意見跟你相左的人，並且閱讀另外一個政黨所辦的報紙。如果那些人及那些報紙顯得瘋狂、顚倒而邪惡，你要提醒自己，他們眼中的你大概也是如此。兩個政黨在這個意見上也許都對，但不可能都錯。這樣的反省，應該會產生某種警惕。

不過，留意外國風俗，未必就有好的效果。在十七世紀時，滿洲人征服中國，那時候，中國人的婦女纏足，而滿洲人留辮子。他們不但不放棄自己的愚陋風俗，反而又採行了對方的那種，於是中國人一直留辮子，直到一九一一年革命推翻滿清爲止。

凡是想像力豐富的人，可以用個好法子，就是在想像裡跟一個別有所見的人爭論。這有個獨特的好處，而爲實際辯論時所無，就是：這方法不受時空限制。甘地不喜歡鐵路、汽艇與機械；他但願把整個工業革命都除去，你可能根本沒機會眞正碰到抱這種主張的人，因爲在西方各國，大多數人都理所當然地利用現代技術的長處。但是如果你想要弄清楚：順從流行意見，是對的，那你可以用一個好法子，試驗你所想到的理由，就是考慮一下，甘地在否定它們的時候，大概怎麼說。我有時候就由於這種自問自答而眞正改變自己的想法，而且，除此之外，由於設想一位假設對手提出的可能理由，我往往發現自己變得較不獨斷。

你要非常留意那些奉承你自尊的意見。無論男人與女人，十之八九，都深信自己的性別卓越優秀。兩方面都可以提出許多證據來。如果你是一個男人，你可以指出：詩人與科學家大多是男性，如果你是個女人，你可以頂嘴說：大多數罪犯都是男人。這個問題根本是不可解的，但自尊把這一點掩飾起來，使大多數人看不到。不論我們來自世界的哪個部分，我們全都相信：我們自己的國族最優越。我們知道，每個國族各有其優點跟缺點，我們因此就把價值標準加以調整，以便本國族的優點顯得十分重要，而其缺點，比較不足道。有理性的人，在這個問題上，也一定會坦白說：這個問題並無顯然正確的答案。以人的立場來討論人的自尊時，更加困難，因爲我們不能跟某個非人來討論這件事情。我只想到一個辦法，來對付普遍的人類虛榮心，就是常提醒自己：在宇宙的一個小角落裡有一個小星球，而人是其中生命的一個短暫插曲，並且又告訴自己說：儘管我們有知識，大千宇宙的其他部分也許另有一種生命，優於我們，一如我們之於水母。

在自尊以外，我們的種種激烈感情，也是常使我們犯錯誤的原因；其中最要緊的，或許就是恐懼心吧？恐懼的作用，有時候是直接的，其如散布於戰爭期間災禍謠言，亦有靠想像來製造恐怖對象的，其如鬼怪；恐懼有時候的作用是間接的，其如對某種安慰性的東西產生信念，其如長生不老之藥，或者爲自己造天堂爲敵人造地獄。恐懼有許多形態——對死亡的恐懼，對黑暗的恐懼，對不知之事的恐懼，對群眾的恐懼，還有那種曖昧而概括化的恐懼；凡逃避較爲確切恐懼的人，會有最後這一種。除非你向自己坦承自己的恐懼，並且靠艱忍的努力來防衛自己，不受其疑神疑鬼勢力的影響，你就不可能眞正思想那許多關係重大的問題，特別是那些跟宗教信仰有關的。恐懼是迷信的主要來源，也是殘酷行爲的主要來源之一。追求眞理，以及追求有價值的生活方式，要先克服恐懼，智慧才得以出現。

有兩種方法可以避免恐懼，其一是使自己相信：災難不會降臨到我們身上，其一是鍛鍊眞正的勇氣。後者大不容易，至於某個程度，幾爲人人所不能。所以前者一直較受歡迎。原始巫術的目的，就是確保安全、或傷害仇敵、或保護自己，而使用護身符、咒語或魔法。對於這些趨吉避凶之法的信仰，一向並無本質上的改變：最初存在於巴比倫文明的幾百年中，後由巴比倫擴展到亞歷山大帝國全境，又在羅馬人吸收泛希臘文化同時被他們所接收。它復從羅馬人流傳到中世紀基督教世界及回教世界。對巫道的信仰，現在雖因科學而減少，但是許多人迷信吉祥事物，其程度超過他們所承認，而爲教會定罪的巫術，仍被公認是一種「有效率的」罪行。

不過，巫道是一種祛除恐懼的原始辦法，而且並不十分有效，這可以由「道高一尺魔高一丈」這話來證明。在十五、十六及十七世紀中，世人對男女巫師十分懼怕，因此，才把成千上萬的人判以惑眾之罪，燒死在火刑柱上。不過，比較新的信念——特別是關於來世的——找到了更有效的方式來對抗恐懼。蘇格拉底臨死時（假如柏拉圖的記載可信）說出了他的信念：來世他會跟眾神及英雄一起生活，而他身邊的人，絕不會反對他那無窮盡的議論。柏拉圖在他的《理想國》裡，建議說：國家必須大力宣傳來世的有福盼望，其理由，並非因爲這是眞實的，而是使戰士死得比較甘心。關於陰間的種種傳說，爲他所不取，因爲照它們所說，死者靈魂在陰間並不快樂。

在「信心時代」裡，正統基督教爲救恩定下了非常確切的法則。首先，世人必須受洗禮；接著，世人必不可犯一切神學上的錯誤；最後，在死以前要懺悔認罪，並且接受臨終儀式。這一切並不會使你免於煉獄的煎熬，但可確保你最後抵達天國。「知道（know）」神學（theology）並非必須。有一位著名的紅衣主教以權威十足的口吻說，正統派的要求不難滿足，只要你在臨死時喃喃說出：「凡教會所信，我全信；凡我所信，皆教會所信。」天主教徒都確信，靠了這些明確的指點，他們一定可以找到路上天國。儘管如此，對地獄的恐懼卻歷久不衰，且在近代大大緩和了誰將受到定罪這個教義，許多現代基督徒傳揚「人人都必進天國」的教義，應該會除去對死亡的恐懼，可是，這個恐懼事實上已經深入本能，不易消除。梅爾斯（Myers）[36]受到心靈論（spiritualism）的感召而相信來世，他問一位最近喪

㊱ 梅爾斯（Myers），十九世紀後半英國神學家。

女的婦人。她女兒的靈魂近況如何。這位母親回答說：「我相信她正在享受永世的福氣，但是我不想談這個不愉快的話題。」不管神學怎麼努力，在一般人的心目中，天國仍然是一個「不愉快的話題」。

那些最淨化的宗教，其如馬可・奧里略（Marcus Aurelius）[37]及斯賓諾莎所提出的，都一樣關切恐懼的克服。斯多噶派（stoic）的教義很簡單：它主張說：唯一的眞善是美德，任何仇敵都不能從我身上奪走；因此說來，我沒有必要害怕仇敵。難的是，誰都不會眞正相信，美德是唯一的善，連那當羅馬皇帝的馬可・奧里略也不能，他不但努力於使他的臣民有美德，而且還要保護他們免受野蠻人、瘟疫及災荒的攻擊。斯賓諾莎所傳的教條，大同小異。照他所說，我們的良善在於看輕世俗的財富。這兩個人都假惺惺地說：像身體受難這類事，都不算眞正的惡（不幸），而希望藉此逃避恐懼。這種辦法雖然高尚，但仍然根據虛假的信念，如果眞的加以接受，就會產生壞的後果，一方面使人漠視對自己的苦難，同時更漠視對別人的苦難。

在巨大恐懼的影響之下，幾乎人人都會變得迷信。那些把約拿（Jonah）[38]拋下船去的

㊲ 馬可・奧里略（Marcus Aurelius, 121-180），羅馬皇帝，後斯多噶派哲學家，著有《沉思錄》。

㊳ 約拿（Jonah），《舊約》先知，其事詳見《約拿書》。

水手，都以爲：因爲有他在船上，所以才起了風暴，要把他們的船打沉。東京大地震㊴時，日本人本著類似的精神，對韓國人及自由分子進行屠殺。羅馬人在普尼克戰爭（Punic Wars）㊵裡得勝之時，迦太基人就相信：由於他們在不知不覺中對摩洛神（Moloch）㊶的敬拜有所怠忽，才招致不幸的後果。摩洛神喜歡信徒拿孩童做獻祭，出身貴族的尤所偏好；可是迦太基貴族都偷偷以平民兒童替代之。有人就認爲，這個做法觸怒了神。因此，在局勢最壞的時候，連那些身分最顯貴的孩童，都要被老實地放在火裡焚燒。說來奇怪，儘管敵人採行這種民主改革，羅馬人還是一再得勝。

集體恐懼刺激起群體本能，容易對那些自視不屬本團體者採取兇暴舉動。法國大革命期間就是如此。當時因爲恐怕外國軍隊進犯，所以產生了恐怖統治。如果蘇維埃政府最初幾年所受敵意不那麼強烈，也就不致於這麼兇殘。恐懼產生殘暴行爲的衝動，而因此促進那些支持殘暴行動的迷信。無論個人、團體或民族，若受巨大恐懼之籠罩，就不可信賴其能採取人

㊴ 即一九二三年發生的關東大地震。

㊵ 普尼克戰爭（Punic Wars），發生於西元前二六四至一四六年間羅馬及迦太基之間的三次戰爭。

㊶ 摩洛神（Moloch），《舊約・利未記》及〈七師記〉所載，西元前七至六世紀以色列人、迦南人及腓尼基人所敬拜之神，以頭生童子爲獻祭，《舊約》先知斥爲外邦惡習。

道行動或做冷靜思考。許多人有慷慨赴死的勇氣，卻沒有勇氣去說或想以下這句話：那召他赴難的理由並非有價值。對大多數人來說，名節有損，其痛苦甚於死亡；因爲這個原因，在群情高漲的時候，沒有人敢起而反對壓倒性的意見。沒有一個迦太基人棄絕摩洛神，因爲這樣做所需要的勇氣，比慷慨就死所需要的更大。

不過我們說得過於嚴肅了一點。迷信並不盡都陰暗而殘酷，它們往往也爲生活添加歡樂。我有一次接到奧西瑞斯神（the God Osiris）㊷給我的啓示，將他的電話號碼諭知於我；原來他那時就住在波士頓的一個郊區。我雖然不會加入他的信徒行列，他的來信卻令我感到愉快。我又一再接到一些人的來信，宣稱他們自己是彌賽亞（Messiah），而且敦促我，我絕不可在文章中忽略這個重要的事實。在美國禁酒時期（prohibition）當中，有一個教派主張說：聖餐禮拜應當用威士忌來進行，而不應用葡萄酒；這個教義使他們有了合法的權利來供應烈酒。那個教派因而大爲興旺。英格蘭有一個教派主張說：英國人就是《舊約》上所說失傳的以色列十支派（the lost ten tribes）㊸，另外還有一個比較嚴格的

㊷ 奧西瑞斯神（the God Osiris），埃及神話中司陰府之神。

㊸ 失傳以色列十支派。按《舊約》記載，以色列原有十二支派，至南北分裂時則僅有猶大及以色列兩支，其餘已分散不知下落。

教派，他們主張說：他們不多不少，正好是《舊約》上所說以法蓮（Ephraim）跟瑪拿西（Manasseh）這兩個支派。每當我遇到屬於這兩個支派的成員，我就宣稱自己是另外那個支派的信徒，於是極爲愉快地爭論就因此而起。我也喜歡那些研究「大金字塔（Great Pyramid）」的人，他們的目的，在解開其奧祕的傳說。專門討論這個題目的名著很多，其中有一些，是作者贈送給我的。有一個事實十分特別，「大金字塔」所預言的世界歷史，直到該書出版當年，都完全正確，可是在那年以後，就變得不太可靠了。那作者一律都盼望，埃及之戰迫在眉捷，緊接著就是哈米吉多頓（Armageddon）之戰㊹，以及敵基督（Antichrist）㊺的來臨。可是，時至今日，被指爲敵基督的人，實在太多了，使得讀者不得不走向懷疑主義。

我特別崇拜一位女先知，她在一八二〇年左右住在紐約州北部的一個湖邊。她向無數門徒宣告說：她有神能，可以在水上行走，並決定於某一天上午十一點當眾顯示。到了預定時刻，成千上萬信徒都聚集在那湖邊，她向他們說：「你們是否全都相信：我能在水上行

㊹ 哈米吉多頓（Armageddon），據《新約．啓示錄》第十六章第十六節所言，其地爲善惡勢力最後決戰之地。

㊺ 敵基督（Antichrist），基督徒相信，將來有一人興起，率地上諸惡勢力，與善良勢力作最後決戰，見《新約．約翰一書》所作預言。一般基督徒，常呼反對其信仰者爲「敵基督」。

走？」他們異口同聲回答說：「我們全相信。」她宣告：「既然如此，我就沒有必要這樣做了。」於是他們都大受感動，各自回家。

如果這些信仰果然全由冰冷的科學所取代，這個世界或許會喪失其部分的興趣與變化。或許我們應該去喜歡那些「初學教友（Abecedarians）」[46]，他們所以有此稱呼，因爲在棄絕一切世俗學問之餘，認爲學習「ABC」也是邪惡的。而且我們也可以欣賞，南美洲耶穌會教士的那種迷惑，他們想不明白：自從大洪水以來，樹獺這種生物怎麼從亞拉拉特山（Mount Ararat）[47]前往祕魯；這一趟旅程由於完全缺乏動機，而顯得令人難以相信。智者可以享受到的美善，正是無所不在，他也將發現，知識的垃圾，無論是在我們這個時代，或是在每個其他時代，都可以成爲一頓豐盛的大餐。

一九四三年

㊻ 初學教友（Abecedarians），其義不詳，或爲作者杜撰，以諷刺不學之人。
㊼ 亞拉拉特山（Mount Ararat），在土耳其西部，海拔一六・六四六英尺，據《聖經》言，爲挪亞方舟登陸之地。

第八章　教師的職能

教師這一行業，在過去幾百年中經過很大的轉變，程度超過大多數其他行業。這原來是一項小規模的、講究高級技術的事業，只跟少數人發生關係，而現在成了公眾服務中一個大規模而又重要的部分。這一行有偉大而可敬的傳統，從歷史之初一直到最近。可是一位現代教師，若肯接受前輩理想地鼓舞，可能會敏感地意識到：他的職責並非去教他所思考的，卻是去灌輸僱主認為有用的那些信念及成見。從前大家心目中的教師，是一位特別有知識或有智慧的人，他說的話大家都樂意聽從。在古代，教師並不是一種有組織的專業，對於他們所教的，並沒有什麼約束。不過，他們若以破壞性的學說教導世人，事後往往會受到懲罰。蘇格拉底被處死，柏拉圖據說曾經入獄。但是這些事情，不曾干涉到他們學說的擴展。凡是眞正好為人師的，都比較嚮往以著作傳世，勝於及身的榮華。為充分達成教師使命所必需的，是一種知識自主的情操，因為他的本分所在，就是盡他所能把知識及理性灌輸給大眾，以幫助他們形成自己的見地。古代的教師可以不受阻撓地行使他的職能，即使偶爾有暴君或暴民的干擾，也都為偶發與無效。在中世紀，教學成了教會獨擅的特權，結果是：知識或社會都一無進步。由於文藝復興，一般人都敬重學識，這才把相當大的自由歸還給教師。不過，宗教法庭曾經強迫伽利略取消他的主張，又把焦爾達諾·布魯諾（Giordano

Bruno）①燒死在火刑柱上，但這兩人都在受到處罰以前完成了工作。像大學之類的社會設施，從前大多落在教條主義者的手中，因此，最有知識的工作，大多是由獨立求知的人完成。英國的情形特別如此，一直到十九世紀快完的時候，除了牛頓以外，第一流的才智之士，很少跟大學有關係。但由於當時的社會制度，所以這並沒有干涉到他們的活動，或他們的貢獻。

在我們這個比較有組織的世界裡，我們面臨一個新的問題。有一種叫做「教育」的東西，由國家——但有時候是由教會——給予每個人。就極大多數的例子來說，教師就這樣變成了一個公僕，被迫執行那些不學無術之輩所發的命令，那些人，並沒有跟少年人共處的經驗，而他們對教育所取的唯一態度，就是拿它做宣傳工具。在這樣的情況之下，教師怎麼能夠完成他們所專門擅長的職能，實在是難以明白的。

國家的教育顯然必需，但同其顯然，所涉及的某些危害，都應該加以預防。這些令人憂慮的害處，在納粹時代的德國，已經充分顯現出來。而現在仍然可見之於俄國。在這些危害

① 焦爾達諾·布魯諾（Giordano Bruno, 1548-1600），義大利哲學家，本為多明尼派教士，因被斥為異端離開僧團，成為流浪教師，並以哲學著作反抗教條權威。返威尼斯後被判火刑，為自由思想殉道，其哲學影響斯賓諾莎及萊布尼茲等人。

占上風的地方，誰都不能眞正教書，他所能做的，不過是認同一種獨斷信條而已，而這是有自由知識的人不敢由衷苟同的。他不但要認同一個信條，而且須寬假倒行逆施，更要三緘其口，對於時事不發表他自己的心聲。只要他所教的，只限於不會引起爭議的讀寫與運算，官方的教條就不致於來歪曲他的教學；但是，在極權主義（totalitarianism）的國家裡，他在教這些東西的時候，當局也不希望他採用那些他認爲最能達到學習效果的方法，卻指望他苛求學生，不懷疑地順從於他的權威，從而灌輸恐懼、奴性及盲目地服從。教學內容一旦超過了這些基本內容，那麼但凡觸及會引起爭議的問題，他都非得採取官方的見解不可。其結果：無論在納粹統治下的德國或現在俄國的青少年，都變成了狂信妄從的頑固分子，不知今世何世，既不慣於自由討論，也不會想到：別人可以不懷惡意地懷疑他們的意見。這種形勢固然很糟，本來卻不致於這麼糟糕，如果所灌輸的教條，是普遍而國際一致的，其如中世紀的天主教義；但是，現代教條主義者（modern dogmatist），都否認國際文化的整個想法，他們在德意志、義大利、俄羅斯以及日本所教的信條，都各不相同。在這些國家裡，青少年教育中最強調的內容，莫非狂熱的民族主義（nationalism），結果：一個國族的人民跟另一個國族的人民，沒有共同的立場，而且：沒有一種共同文明的體認，來阻止好戰的狂暴傾向。

自從第一次世界大戰以來，文化上的國際主義衰落，而且變本加厲，日甚一日。我一九二〇年在聖彼得堡（Leningrad）的時候，見到了一位教純粹數學的教授，他因爲是許多國際會議的成員，所以熟悉倫敦、巴黎跟其他國家的首都。今天的俄國學者，很少人能得到這樣的旅行許可，因為怕他們作不利於自己國家的比較。在其他各國，民族主義支配知識的情形，比較不那麼極端，但是不論在什麼地方，民族主義的勢力，都遠較過去為甚。英國現在有一個趨勢（我相信美國也有），就是不用法國人與德國人來教法文及德文。這種作法，於職位派任上，只考慮個人的國籍，而不考慮其能力。這會傷害教育，而且違反國際文化的理想，這種理想，傳自羅馬帝國及天主教會，現在正被一股新的野蠻侵略——來自下層而非來自外面——所淹沒。

在實行民主主義的各國，這些危害，還沒有達到這樣的比例，但必須要承認的是：教育裡有類似發展的嚴重危機。凡相信思想自由的人，都要提高警惕，才可保護教師不受知識上的捆綁。第一個要求，或許就是清楚明白地認識：教師應該向社會提供哪些服務。各國政府都認為：教師至少有一個功能，就是給學生確切而不引起爭論的知識，這我同意。這當然是其他各種建設的一個基礎，而在我們這樣的技術文明裡，這確實功用很大。在一個現代社會裡，為了維護為我們身體舒適所賴的機械設備，就必須有相當數目技能合格的人員。此外，如果有相當大比例的人口，不能讀寫，十分不便。因為這些理由，我們完全贊成普遍實施的義務教育。然而各國政府都曉得：在教學過程當中，很容易就爭論性問題而灌輸各種信念，也容易培養對當道方便或不方便的心態。就所有開化各國而言，國家的防衛，操於軍隊之手一如操於教師之手。除了各極權國家，國家的防衛為人民之所欲，而為此目的使用教育，這一事實本身，也不成其爲批評的理由。批評所以會發生，只因爲當局憑愚民政策保衛國家，並且煽動非理性的熱情。一個國家如其値得保衛，這樣的方法就並非必需。雖然如此，有一種自然趨勢卻在所難免：那些對教育沒有親身體驗及認識的人，必會採用這些方式。有一個流行的信念是：靠了萬眾一心及限制自由就可以使國家強盛。我們一而再再而三地聽人說：民主主義的政體使一個國家積弱不振，而事實上，自從一七〇〇年以來，在每一次重要的戰爭裡，勝利都屬於那比較民主的一方。那些終於淪亡的各國，說不上是因爲自由討論及寬容分歧的意見，卻往往是因爲堅持於一種心胸狹窄的教條統治。全世界各地的教條主義者都認爲：事實眞相不妨爲他們自己所知，但如讓其他人民也聽到他們兩邊的議論，他們就會受誘導而相信假的眞理。這樣的看法，造成了以下兩種不幸結果之一：或者，一批教條主義者征服了全世界，並禁止一切新觀念，或者，更糟的，互相爭雄的教條主義者征服不同地區，而闡揚仇恨異己的「福音」。前一種邪惡，存在於中世紀，後一種，出現在宗教戰爭期間，而且再度出現在今天。前一種使得文明停滯不進，次一種會完全將它毀滅。教師應該是防備這兩者的中流砥柱。

顯然可見，有組織的黨派精神，是我們當代最大危害之一。以民族主義的形式出之，就會造成列國之間的爭戰，而以其他形式出之，會造成內戰。教師的本分，應該是站在黨派爭鬥以外，並且將公正探討的習慣灌輸給下一代，引導他們根據事實眞相進行判斷，而且知所警戒，不會接受片面說辭的表面價值。無論是暴民的還是官僚的成見，教師都不應該去附和奉承。他的專業操守在於兩件事情：一是樂於公正對待各方面，二是努力於超越爭論，以達到冷靜的科學探討。如果有人覺得，他的探討結果不合時宜，他也應該受到保護，不爲他們的憤懣所傷，除非有證據顯示：他在從事不誠實的宣傳，散播顯然非眞實之事。

不過，教師的功能，不僅在調和當前各爭論的高熱。他還有較積極的任務要完成。除非他有心於完成這些使命而奮發努力，就不能算是一位有抱負的教師。教師比任何其他階層更成其爲文明的守護者，他們對於文明，應有深切體認，而渴望將一種開明態度傳授給學生。我們於是接觸到一個問題：一個開化的社會由哪些條件來構成？

有人會拿那些僅僅物質上的考驗，泛泛回答這個問題。他們說，如果一個國家有很多的機器、很多汽車、很多浴室，以及迅速便利的交通，就算是開明的（或文明的）。我個人認爲，大多數現代人對這些事情的重視，實在可以說是過分加三級。按照比較重要的含義來說，文明是一種思想裡的內容，並非那些生活起居上的物質富麗。文明的本質，部分是知識，部分是情操。就知識而論，一個人對他本身，及他周圍的環境，以及這兩者跟時空中這世界的關係，都應該有細於毫芒的認識。他看他自己的國家，不「只是」祖國而已，這是世界各國當中的一個，而這些國家，都有同等的權利去生活、思想與感受。他應當按照過去及未來的關係看他自己的時代，而體認到：今天這個時代裡的各種爭論，在將來各時代看來，就如我們現在看過去那些一樣，都是那麼地不可思議。把眼界再放大一點，他應該意識到：地理紀元及天文幅員的廣漠浩瀚；然而，他儘管意識到這一切，卻不當作一種沉重的負擔，會壓垮個別人類的精神，卻當作一個極其巨大的全景，足以擴大那思維著它的心靈。在情操方面來說，一個人如果要想成爲眞正開明的，就要從純粹個人的情緒上做很相似地擴大。人從生到死，有時候快樂，有時候不快樂；有時候慷慨，有時候貪心而小氣；有時候慷慨激烈，有時候奴顏婢膝。把人生過程作整體觀之，有些事情顯得突出，而值得愛慕。有的人受到人類愛的啓發鼓勵；有的人欽佩卓越的知識，它使我們明瞭我們生活其間的這個世界；有的人則憑異常的敏感創造美。這些人貢獻的，都具有積極的美善價值，足以抗衡由殘暴、壓迫及迷信所構成的漫長歷史。這些人發揮他們的能力而有所成就，使人類生命更有意義，而不僅爲野蠻人的短暫騷擾而已。這開明的人，對於其所不能愛慕的，也必以諒解對之，而不用斥責。他必將努力於發現並除去那些非個人的惡之原因，而不去仇恨那些受其挾制的人。這一切全都應該常存於這位教師的思想與情意中，如果他的思想與情意中有這一切，他也才會藉著教學將這一切傳遞給受他照顧的下一代。

要做一個好教師，談何容易，除非他對學生有親愛之情，而且由衷希望將他所相信爲有價值的事情傳授給他們。這不是宣傳家的態度，在那宣傳家看來，他的學生全都是未來的士兵。他們要去服務的各種目的，都不在他們自己的生命範圍以內，其志向並非一定慷慨壯烈而超越小我，而毋寧爲助紂爲虐，或爲虎作倀。那宣傳家，並不希望他的學生看清一切，而自由選擇一個他們認爲值得的人生目標。他就像一個修剪庭園樹木的工匠，一心要誘導並歪曲他們的成長，以迎合園丁的趣味。他既然摧殘了他們自然成長，就得以除滅他們內心裡的一切高尚元氣，而代之以嫉妒、破壞及殘暴。人類是沒有必要變成殘暴的；事實正好相反，我深信：大部分的殘暴行爲都因爲早年受到摧殘而造成，尤其是良善的天性受到了摧殘。

以今天這個世界的現狀來看，壓迫與迫害的狂熱情緒，眞可以說是司空見慣，但這本來並非人性所必有。正好相反，我相信，這些一定是某種不幸所造成的。教師的責任之一，應該是打開他學生的眼界，使他們多看見那些既令人愉快而又是有用的活動，以使他們仁厚的本性得以流露出來，同時又可以預防他們生出一種剝奪他人幸福的意欲，從而免去他們畢生的遺憾。有許多人標榜說，無論對於他們自己或對於他人，幸福都不是一個人生目的，這裡面大有酸葡萄的成分。爲了一個公眾目的而忘懷個人幸福，是一回事，把普遍幸福當作一件無足輕重的事情，又是另一回事。有些人奉想當然的英雄主義（heroism）之名，往往倡導此說。這大抵出自一種不自覺的嫉妒，而嫉妒的來源，通常多在幼年或少年。教育家的宗旨，應該是訓練成人，免於這些心理上的不幸，以及，因爲自己的幸福未受剝奪，不急於去剝奪他人的幸福。

照今天的事實來看，許多教師都不能夠善盡他們能夠盡到的責任。所以如此，有許多原因，有的多少是偶發的，還有的非常根深蒂固。先說前者，大多數教師都是工作過勞，而且都被迫爲了考試而教學，卻不能給學生一種使心靈開放的教養。那些不懂教學之道的人——這實際上包括所有教育當局者在內——並不知道因此而造成的精神消耗有多大。教會並不要求牧師每天講幾個鐘頭的道，教育當局卻要求教師付出這樣高的辛勞，結果，許多教師都變得煩惱而不安，對所教的科目無所進修與研究，當然無從由新認識與新知識中獲得知識上的樂趣，也從而不能拿這來鼓舞他們的學生。

不過，這絕不是最嚴重的問題。在大多數國家裡，某些意見被認爲正確，而其他的爲危險。凡是被認爲思想不正確的教師，當然要絕口不提自己的想法。如果他們把自己的意見說出來，就會被指爲煽動，而唯正確意見的灌輸，始被視爲是最健康的教導。結果，想知道究竟的青年人，往往必須到教室以外去打聽：當代最活潑的思想家到底在想些什麼。在美國，有一門學科叫做「公民課」，其教學目的，就是要誤導學生，情形恐怕遠超過任何其他學科。這一門學科所教，都是些陳腐而無新鮮內容的教材，其如各種公共事務之進行方式等等。至於這些事情實際如何進行，則經過仔細掩飾，使學生一無所知，等到他們長大，知道了事實眞相，往往會因此抱著一種完全冷嘲熱諷的態度，而使得所有公共理想都流於空洞；反過來講，假如在他們少年時代，將事實眞相謹愼地教導他們，並作適切評論，那麼他們長大以後，或許就能夠對抗惡勢力，而不致於如今天那樣，以冷漠的態度默認之。

那些規劃教育體制的人，最容易犯的罪過之一，就是以爲：說謊有益於教導。我絕不輕許一個人可以做個好教師，除非他痛下決心，絕不在教學中因爲某個眞理被稱爲「不良於教化」而予掩飾。那種靠設防無知而培植出來的德性，是脆弱的，一接觸眞實即歸於無效。在這世界上，有許多人值得我們欽佩，我們要教導少年人，去賞識這些人的好處，這是好事。但是，將神奸巨惡的醜陋面目加以掩飾，而叫少年去欽佩，就不是好事。有人認爲：認清事情眞相，會導致消極嘲世的態度。如果這種認識突然到來，挾著意外及恐懼的震撼，那也許會使人變得如此。但如果是逐漸來到，適當摻和著對美好事情的認識，且由追求眞理的願望所鼓勵，復以科學研究的過程出之，就不會有這樣的後果。無論怎麼說，向那些沒有判斷能力的少年人說謊，在道德上是站不住腳的。

如果要民主主義長久存在，一個教師該在他學生心中努力栽培的，首先是由努力了解異己而生出的寬容。或許是出於人的天性，我們看見自己不習慣的行爲及風俗，會感到害怕與厭惡。螞蟻與野蠻人，一律將陌生者殺死。而那些無論在身體上或心靈上從未到過其他地方的人，一旦見到了其他國民、其他時代以及其他教派與其他政黨所行奇異方式及怪誕信仰，一定會覺得難以容忍。這種出於無知的不寬容，正好跟一種開明的世界觀背道而馳，而且是這個人口過多的世界現在面對的最嚴重危險之一。教育制度應當針對這一點設計而加以匡正，但是目前在這個方向上所做到的事情，實在少之又少。每一個國家都在鼓吹民族主義的感情，而兒童天眞未鑿，很容易相信一切，於是學校就教導他們說：其他各國人民，在道德上及知識上，都不如這些兒童生長所在的國家。在所有人類情緒中，最瘋狂也最殘酷的，就是集體歇斯底里症（Hysteria），這不但未見約束，反而加以鼓動，又鼓勵少年相信師長耳提面命的話，不相信那有合理依據可資徵信的事情。就這一切而言，做教師的無可責備；他們都身不由己，而教非所願教。說起來，他們最貼切明白少年的需要。說起來，他們跟他們朝夕相處而油然關切他們。可是，教學內容或指導方式，卻由不得他們作主。爲人師表這一行，應當得到的自由，要比目前所有的大得多才對。這種自由應使教師有較多自作主張的機會，也較能不受官僚鄉愿地橫加干涉。在我們今天這個時代，誰也不贊成將醫療專業人員交給不懂醫療的當局節制，由他們決定如何治療病患。當然，醫療人員如果出於犯罪企圖而違背醫學宗旨——就是治療病患——那就另當別論了。教師就等於是一種醫療人員，他的目的是治療患有幼稚病的病患，而當局竟不許他們憑藉經驗決定哪些方法最合於這個目的。少數幾所大型而有歷史性的大學，由於聲譽加給他們的分量，已經取得了名符其實的自我決定權，但絕大多數的教育設施，都受那些不懂教育者所阻礙與控制。在我們這個高度組織化的世界裡，唯一可以防止極權主義的辦法，就是要爲那些擔當有用公共作業的團體取得某一程度的自主，而教師在這樣的團體當中，該得到主要的地位。

教師，有如藝術家、哲學家以及文學家，若要能夠充分實行他的工作，一定要他自己覺得：他是一個自主的個人，他受到一種內在創造衝動的引導，而不受一個外在權威的支配與束縛。在今天這個世界上，要爲自主的個人尋一席地，實在非常困難。他可以高高在上，做一個極權主義國家的獨裁者，或者在一個有規模工商企業的國家裡，做一個財閥，但是在心意領域裡，一個人若想保持自主，不倚靠那些掌握著男女生活的龐大組織化勢力，是愈來愈難了。如果這世界還想從那些一流才智得益，就勢必要在全面性組織化以外，設法替他們保留活動的範圍與自由。這就涉及到那些掌握大權的人，他們要有一種自重的約束，而且清楚地體認到：非把自由活動的範圍給予某些人不可。文藝時代的教宗，能夠抱著這種心胸，對待文藝復興時代的藝術家，但是我們今天那些大權在握的人，似乎愈來愈不肯對難得的天才抱以敬意。我們這個時代如此騷擾不寧，是不宜於文化花朵之盛放的。一般的民眾心裡都充滿了恐懼，因此，也不樂意寬容各種自由，因為在他看來，這些都是不必要的。或許我們必須等待更太平的時代，而後，文明的種種要求，才得以再度凌駕於黨派精神的要求之上。同時，同樣重要的，藉組織化能夠做到的事情，其界限至少要有人不斷地加以體認。每一種制度都應該留下一些漏洞及例外，苟若不然，終必壓傷一切人性中之最美好者。

一九四〇年

第九章　有益人類的諸多思想

在我們討論這個主題之前，對於我們認爲哪種結果有益於人類，必須有一個構念。人類是在他們數目變得較多之時得到益處呢？還是在他們變得比較不像禽獸之時？還是在他們變得比較幸福之時？還是在他們懂得享受較多經驗之時？還是在他們知道較多之時？還是在他們彼此較爲友善之時？我想，所有這些事情，都出現在什麼有益於人類這個概念裡，所以我要先說一些有關於它們的話。

講到有益於人類的觀念這件事，其中最無可懷疑的一方面，就是數字。從前必有一個時代，那時候「人類」是一種非常稀有的品種，朝不保夕生活在叢林與洞窟裡，受到野獸的恐嚇，難以獲得糧食。在這個時期裡，他雖然具有較高智能這個生物長處——這是因爲能夠代代傳遞而有累積性——卻還不足以勝過他的種種短處，其如他的漫長幼年時期，他不如猿猴那麼敏捷，又缺乏獸毛來抵抗寒冷。在那些日子裡，人類的數目，必然很少。在所有世代裡，人類的技術運用，主要目的，就是增加總人口的數量。我並非說：這是意圖，而是說：這——事實上——是後果。如果這是什麼值得欣喜的事情，那麼我們現在有理由欣喜。

在某些方面，我們也變得愈來愈不像禽獸。我最容易想到的有兩方面：第一，後天的——相對於先天的——技能，在人類生活中扮演一個日益增大的角色。其次，事先的考慮愈來愈支配衝動。在這兩方面來說，我們確實變得愈來愈不像禽獸了。

說到幸福，我可沒有這麼大的把握。不過，鳥獸——如果牠們不是候鳥——在冬天裡大量死於飢餓。但在夏天當中，他們預先見不到這場災禍，也記不起去年冬天時他們幾乎死於非命。人類的情形就不是這樣。在今年冬天（一九四六至一九四七年），將死於飢餓的鳥類百分比，跟同時期印度及中歐將死於這原因的人類百分比相比，是否不相上下，我不敢斷言。但是每個因飢餓而死亡的人類，在這之前都經過一段漫長的憂患時期，而且又受到鄰居同等憂患的包圍。我們所遭受的，不僅是那實際上落在我們頭上的災害，而且還有我們的智能告訴我們有理由恐懼的一切。預先思慮造成對衝動的抑制，躲開了物質上的災禍，而付出的代價，是憂患意識，及落落寡歡的生活。我認識的那些有學問的人，即使有一筆固定收入，是否就跟老鼠一樣幸福；牠們趁這些飽學先生打瞌睡的時候，偷吃他們餐桌上掉下來的麵包屑。這樣說來，就這方面而言，我不相信世界眞的有進步。

不過，說到享受的形形色色，那又是另外一個問題。我記得有一篇報導說：有人帶幾頭獅子去看一部影片，內容是獅子在野生環境裡威風地掠食，但沒有一頭獅子對這壯觀景象感興趣。禽獸不但對音樂、詩歌與科學毫無興趣，對足球、棒球及酒精也一樣。由此可見，人因爲有智能，所以享受到的樂趣，花樣繁多，遠超過禽獸之所能，但是我們得到這個好處，也要付出代價，那就是，我們遠比禽獸容易厭倦一切。

然而，有人應該會告訴我：人的光榮，並非在樂趣的多寡，也不在其變化，而在他的知識及道德品質。我們所知道的，顯然多於禽獸，一般認爲這是我們的長處。事實上，這到底是不是長處，可以懷疑。但，這總算是我們有別於禽獸之處。

我們是否受到文明教導而懂得較友善地對待彼此？答案很容易找。知更鳥（英國品種的，不是美國的）會把老知更鳥啄死，而人（英國品種而非美國的）會給老人一份退休金。在群以內，我們善待彼此，超過許多動物，但是我們對群以外者的態度，儘管道德學家跟宗教教師教我們這麼多大道理，我們的情緒反應卻跟任何動物一樣兇猛，而我們的智能又使我們可以爲所欲爲發洩這些情緒，即連最野蠻的禽獸都比不上。我們不妨有所保留地希望，將來會出現更有人性的態度，但以目前所見，無可預卜吉祥。

要考慮那些觀念對人類幫過大忙，心裡先要弄清楚（上述）這些不同因素。我們要關心的那些觀念，大致可以分成兩類：一類對於知識及技術有貢獻，另外一類著重於道德及政治。我要先說那些跟知識及技術有關係的。

最重要也最艱難的幾個步驟，在歷史開始之前已經採取。語言在什麼時期開始，沒有人知道，但是我們可以很有把握地說：它開始得非常緩慢。若沒有語言，要把逐漸得來的發明與發現代代傳遞，非常地困難。

另外一個重大的步驟，也許在語言之前或以後出現，那就是火的使用。我猜想：在起初，人使用火，主要爲了趕開野獸，以保睡眠安全，但是，我們的祖先必定發現，火的溫暖很宜人。說不定有個孩子把生肉扔到火裡去，因此受到責罵，但是，等到把它從火裡取出來，才發現味道更好了，於是就開始了漫長的烹調歷史。

家畜的馴養，特別是牛羊，必定使得生活更加愉快也更加安全。有些人類學家提出一個很有趣的說法：家畜的使用，並非出於先見之明，而是當時人類，想要馴服他們的宗教教導他們去敬拜的動物。那些敬拜獅子與鱷魚的部落都消滅了，而那些以牛或羊爲神聖動物的部落，繁榮起來。我喜歡這個說法，且由於完全沒有正面或反面的證據，而覺得大可以做自由的猜想。

比動物的馴養還要重要的，是農業的發明，不過，這引起了種種流血的宗教儀式，持續千百年之久。豐收祭典往往會有活人獻祭活人生吃的活動。除非人拿幼童的鮮血祭祀摩洛神，祂就不會幫助五穀的成長。在工業革命初期，英國曼徹斯特市的那些福音派教友，也抱著一種類似想法，他們讓六歲大的幼童每天工作十二到十四小時，而且工作條件奇苛，使得其中的大多數死亡。現在大家都發現到：栽種穀類及製造棉織品，並不需要幼童鮮血的灌溉，這個發現，就種植五穀的例子來說，就花了好幾千年；而在棉織品這方面，則不及一世紀。這樣看來，世界上好像眞的有進步的證明。

最後一樣重要的史前發明，是書寫技術，這事實上是一個歷史的先決條件。書寫就像語言，發展得很緩慢。以圓形傳達信息，大概跟語言一樣古老，但從圖畫變到分音節文字，然後再發展到字母，是一個非常緩慢的演變過程。以中國而言，這最後一步，始終未走。

說到歷史各時代，我們發現：最初所走的重要步驟，是在數學與天文學方面，這兩者都在我們這個紀元開始之前數千年出現於巴比倫。不過，巴比倫的知識好像變得固定僵化而無所進步，一直到跟希臘人接觸爲止。我們的思想及探討，後來始終顯得大有用處，都受惠於希臘人。在繁榮的各希臘商業城市裡，使用奴隸勞力的有錢人，藉貿易往來而跟許多民族接觸，其中有的相當野蠻，也有的相當開化。那些開化民族——巴比倫人及埃及人——所提供的一切，希臘人很快就學會了。他們於是就批評他們自己的傳統習俗，而跟周圍種族的習俗作異同比較。這樣，到了西元前第六世紀時，有些人就達到一種開明理性主義（enlightened rationalism）的程度，甚至連今天的人也無以過之。克塞諾芬尼（Xenophanes）①曾說：人照他們自己的形象造眾神——「衣索比亞人造的是黑皮膚塌鼻子的神像；色雷斯人說，他們的神有藍眼睛及紅頭髮；不過，如果牛馬跟獅子都有手，而且能用手來畫畫，像人那樣製作藝術品，馬就會畫出像馬的神像，牛會畫出像牛的，並且各按牠們形象造神的身體。」

有些希臘人，擺脫傳統得到自由心靈，用以追求數學及天文學，而在這兩方面都達到最令人驚奇的進步。當時的希臘人，並非用數學促進工業生產，其如現代人之所爲；那（數字）在當時是一種「紳士式」的事業，因爲其本身透露永恆眞理而受到重視；它又是一個過敏標準，藉以貶抑可見世界。預先顯示出數學之現代功用的，只有阿基米德

① 克塞諾芬尼（Xenophanes），希臘哲學家，埃理亞學派之祖，大約西元前五七〇至四七〇年時人。

（Archimedes）②，他爲了防禦西拉克斯（Syracuse）③對抗羅馬人，發明了各種作戰器械。有一個羅馬兵把他殺了，於是數學再度退回到象牙塔裡去。

天文學在十六及十七世紀中，受到熱心地追求，主要因爲有用於航海。它在希臘人心目中，並無實用價值，一直到後來，跟星象學發生關係，情勢始有所改變。他們很早就發現，地球是圓的，而且將其大小做了一個相當正確地估計。他們發現了各種計算方法，算出月亮及太陽的距離，而薩摩斯島（Samos）④的阿里斯塔克斯（Aristarchus of Samos）⑤甚至把完全的哥白尼假設都整個推演出來。但是除了一個人以外，大家都不接受他的看法，因此，在西元前第三世紀以後，這方面就沒有什麼重要進展。不過，在文藝復興時代，希臘人的成就部分爲當時人所知，因此，大大促進了現代科學的興起。

希臘人早有自然律概念，而且養成一種習慣，以數學方式表達各種自然律。這些觀念都提供了鑰匙，使得現代人能大大了解物理世界。但其中有許多人，包括亞里斯多德在內，

---

② 阿基米德（Archimedes, 287-212 B.C.），希臘數學家、物理學家、發明家。現存其九篇論幾何學及水力學的論文。

③ 西拉克斯（Syracuse），古代西西里島上一城邦。

④ 薩摩斯島（Samos），愛琴海上一島。

⑤ 阿里斯塔克斯（Aristarchus of Samos），西元前三世紀人，希臘天文學家。首先提出地球繞日之說。

都受到一個信念的誤導，認爲科學可以將目的觀念作有效利用。亞里斯多德把原因分成四類，其中只有兩類跟我們有關係，就是「動力」因（the "efficient" cause）及「究極」因（the "final" cause）。「動力」因就是「我們」所說的原因。「究極」因就是目的。舉例來說，如果你在深山裡做徒步旅行，正在口渴難耐時找到了一家客棧，這客棧的動力因，就是建造它的那些砌磚工人的動作，而其究極因，就是解除你的口渴。如果有人問：「爲什麼那裡會有一家客棧？」你可以答覆：「因爲有人把它建在那裡。」你也同樣可以答覆：「因爲許多口渴的旅客經過那條路。」二者同樣恰當。一個是靠「動力」因來解釋，另一個是靠「究極」因。講到人的事情，靠「究極」因的解釋，往往恰當，因爲人類的行動都有目的。但是說到那無生命的自然時，科學上可以找得到的，就只有「動力」因了。如果要靠「究極」因來解釋這些現象，那一定會搞出壞科學來。儘我們所知的，自然現象也許有個目的，可是，這始終未被人發現，因此，所有已知科學律則，都只跟「動力」因有關係。在這方面，亞里斯多德帶著世人走上了歧途，一直要到伽利略出來，才完全恢復。

十七世紀，尤其是當時的伽利略、笛卡兒、牛頓及萊布尼茲，使世人對自然的了解有了突然而驚人的進展，超過歷史上的任何其他時代，除了早期希臘人以外。不過，那時候數學、物理學所使用的一些概念，並不具有後人給予它們的那種妥當性。不過，較新物理學上的進展，往往需要一些新的概念，也大不同於十七世紀的那些。事實上，他們的各種概念，並不是一把可以打開「所有」自然祕密的鑰匙，但是已經開啓了爲數極多的祕密。用於工業及戰爭上的現代技術，除了製造原子彈的那種以外，仍然完全根據伽利略及牛頓提出的原理所發展出來的那類力學。大部分天文學，仍然根據這些原理而來，只是有些問題，其如「使得太陽熾熱的是什麼？」則非靠最新發現的量子力學不可。伽利略及牛頓所提出的力學，根據兩個新原理及一個新技術。

這兩個新原理的第一個就是慣性定律（the law of inertia），其意思是：任何物體，任其自在，會繼續照本來運動狀態而運動，順著同樣的直線方向，而且有同樣的速率。要明白這個原理的重要性，必須把它跟衒學家據亞里斯多德學說推演出來的各原理比較。在伽利略以前的人認爲：月亮以下的地方跟月亮以上的地方有極大的差異。在月亮以下的地方，就是「世界的」範圍，那是有變遷及腐敗的物體；物體的「自然的」運動是直線的，但是任何運動中的物體，如不加以干涉，就會漸漸地緩慢下來，並且停止。在月亮以上的地方，情形相反，物理的「自然的」運動是呈環狀進行，也就是由多重環狀運動構成，而且在天上沒有變化或腐敗這些事情，只是各天體定期改變軌道。天上各物體的運動都不是自發的，而是由「原動力」（primum mobile）傳給它們，這是在各運動天體最外側，而其本身從「不動運動體（Unmoved Mover）」——也就是神——那裡取得其運動。當時沒有人想到憑觀察來證實，例如，當時的人認爲：一個拋出的物體，首先會水平地運動一陣子，然後突然地開始垂直下落，而事實上，有人大可以提議說：凡是觀看噴泉的人，都可以看到：水珠是按照曲線運動的。彗星，由於時出時沒，所以設想起來，一定是在地球跟月亮之間，因爲假如它們是在月亮以上，那就應該是不滅的了。這樣一種雜亂湊合的思想裡，當然是不可能有所發展的。伽利略用他的單一慣性定律統一了那些支配地球及各天體的原理，根據此律，一個物理一旦處於動態之中，並不會自己停止，卻會順著一直線以恆常不變的速率繼續運動。無論它是在地球上，還是在一個天體上。這個原理使得一種討論物體運動的科學得以發展，而不必考慮到任何假設的心或靈之影響。他因此為純粹數學物理學（purely materialistic physics）奠下了基礎，這是後來的科學家——不管他多麼地相信神——都相信的。

從十七世紀以後，世人愈來愈明白：我們若想要了解各自然律，我們就必須除去每一種倫理的及審美的偏見。我們不可以再以為：高尚的一切必有高尚的原因，聰明的一切必有聰明的原因，以及若沒有一支天國的警察，宇宙就不可能有秩序。希臘人敬仰日月星辰，以為它們都是神；普羅提諾（Plotinus）⑥說，它們在智慧及美德上，遠比人類優秀，阿那克薩哥拉（Anaxagoras）⑦提出不同的說法，就因為不虔敬而受到迫害，最後被迫逃離雅典。希臘人也自以為是地想：既然圓環是最完美的形狀，各天體運動應是環狀，或者從環狀運動得到動力。十七世紀的天文學，必須把這種偏見通通拋棄。哥白尼的學說顯示：地球不是宇宙

⑥ 普羅提諾（Plotinus, 205?-270?A.D.），羅馬哲學家。新柏拉圖派之創始者。

⑦ 阿那克薩哥拉（Anaxagoras, c.500-c.428B.C.），希臘哲學家。

的中心，並且向少數幾位大膽的人透露，人或許不是創造主的最高目的所在。不過，在氣質上講，天文學家都是敬畏神的。而且，一直到十九世紀，其中的大多數，除了在法國的以外，都相信〈創世紀〉裡所說的話。

最初攪亂英國科學家信仰的，是地質學，是達爾文，以及進化論。如果人是在不知不覺中漸漸由較低生命形式演進而來，那麼有許多事情就變得非常難解了。我們的祖先在進化的什麼時刻得到自由意志？從他們由阿米巴出發的漫長旅程中，他們又在什麼階段起有了不朽的靈魂？他們在什麼時候開始能夠行惡，以致一位仁慈的創造主有理由把他們都送到永世折磨中去？大多數人覺得：這樣的懲罰，加諸猿猴都顯得過於嚴厲，儘管他們天性淘氣，愛把椰子殼丟在歐洲人頭上。「直立猿人（Pithecanthropus Erectus）」[8]又如何解釋呢？他眞的吃了那蘋果嗎？或者是「北京人（Homo Pekiniensis）」[9]吃的？還是皮爾當人（Piltdown man）[10]？我曾經到皮爾當去過一次，可是在那村子裡看不到什麼墮落敗壞的痕跡，也看不到他從史前時代以來有什麼顯著改變的跡象。那麼也許最初犯罪的是尼安德塔

[8] 直立猿人（Pithecanthropus Erectus），已絕種類人猿，其頭骨發現於爪哇甫來斯托辛。

[9] 北京人（Homo Pekiniensis），發現於北京近郊周口店。

[10] 皮爾當人（Piltdown man），頭骨碎片發現於英國皮爾當，目前已完全被證據所推翻。

人（Neanderthal man）[11]了？這似乎最有可能，因爲他們是住在日耳曼，可是這些問題顯然是不可能有答案的，而那些不願全然否定進化論的神學家，就非得做一些深刻的調整不可。

有一個「崇高的（grand）」概念，在科學上證明是無用的，那就是靈魂。我的意思不是說，有確切的證據顯示：人沒有靈魂；我的意思是：靈魂如果存在，對任何可以發現的因果律毫無作用。我們可以用各種實驗方法來弄清楚，人與動物在不同環境之下的行爲如何。你可以把老鼠放在迷宮裡，把人放在有鐵絲網的籠子裡，來觀察他們逃脫的方法。你可以讓他們服藥，觀察其效果。你可以把一隻公老鼠變成一隻母老鼠，幸好這樣的事情即使是在布痕瓦爾德（Buchenwald）[12]，也不曾被用在人類身上。由此看來：不合於社會的行爲，可以藉醫學手段來處理，或者創造較好的環境來改善，於是罪這個概念就這樣變得很不科學了。當然，這個觀念還是可以應用在納粹黨徒身上。有一件事情尤其大有可能，就是各國政府藉著對人類行爲科學的了解，會更加能幹地把人類變成互相施暴的瘋狂徒眾。當

---

⑪ 尼安德塔人（Neanderthal man），高加索原人，居於歐洲和亞洲中部及西部，頭骨發現於德國尼安德河谷。

⑫ 布痕瓦爾德（Buchenwald），德國中部威瑪附近，爲希特勒政權的集中營所在。

然，各國政府也可以反其道而行，使得人類樂意互相合作，而且使得自己幸福快樂，同時不使他人變得悲慘，但要做到這一點，唯一的條件，是一個獨占武力的國際政府。這是否會發生，非常可懷疑。

我由此想到曾經幫助過人類或者不久會幫助人類的第二類觀念，我說的是道德上的觀念，這是跟技術上的觀念相對的。我一向都看重人藉科學知識而日增地對自然力的支配，可是這儘管是許多進步的一個先在條件，其本身並不確保任何美好事情。相反的，由目前世界情況及原子戰爭的恐懼來看，科學進步如果不配合道德及政治進步，那麼，因爲誤用技術所造成的災難，只會變得更巨大。有時候我不免迷信起來，幾乎會去相信「巴別高塔（the Tower of Babel）」[13]這個神話，而認爲，在我們這個時代，一種類似但更嚴重的不虔敬行爲，快要招來一次更有悲劇性的可怕懲罰。有時候我也讓自己去做非非之想，或許神不想讓我們明白祂用以控制物質宇宙的奧祕。或許那些核子物理學家已經快要揭發這些終極祕密了，所以祂認爲，該是使他們的活動停止的時候了。祂要用什麼最簡單的辦法呢？是不是讓他們彼此競技鬥巧，到一個程度把人類完全滅絕。如果我可以設想：馴鹿與松鼠、夜鷺及雲

---

⑬ 巴別高塔（The Tower of Babel），《聖經》中所說一遠古城市巴別，居民爲挪亞後人，欲造一高塔以達天國，神爲阻止之，使其民語言變亂，不得互通。見〈創世紀〉十一章一至九節。

雀，都會活下去，我或許還可以平心靜氣地來看這場災禍，因爲以人的一切來看，他本來就不配做創造萬物的主人。可是，值得我擔心的是，原子彈這種可怕的煉金術，會把所有的生命一律毀滅，而使得地球變成一塊無生命的泥土，永遠繞著一個沒指望的太陽運行。這樣有趣的事情，會由哪一個直接而急迫的原因造成，我不知道。也許是關於波斯灣石油的一場爭執，也許是對於跟中國貿易的談判決裂，也許是猶太教徒跟回教徒爲了控制巴基斯坦而起一場紛爭。凡是有愛國心的人，都看得出來：這些問題實在都太重要了，所以與其懦弱妥協，不如使全人類亡於一旦。

不過，萬一我的讀者當中，有人樂見人類存在下去，那就值得來談談一些道德觀念，這都是從前的偉人所帶來，世人如果肯接受，它們就可能爲人類造幸福，而不造悲慘。從道德上來看，人是由天使跟魔鬼混合起來的一種奇怪生物。他能夠體會到夜晚的壯麗、春花的纖美、親情的溫柔，以及知識了解的欣喜。在大徹大悟的時候，他知道，人應該怎麼生活，他們彼此應該如何相處。普遍的仁愛，是許多人體會過的一種情操，而要不是這世界把它百般限制，就有更多人能夠體會到。這是這幅畫的這一邊。在另一邊，就是殘暴、貪婪、冷漠以及自負的驕傲。男人，相當普通的男人，會強迫兒童觀看他們母親受凌辱的情形。人爲了追求政治上的目的，會壓迫他們的對手，使他們常年地熬受難以形容的痛苦。我們都知道納粹黨徒在奧斯威辛虐待猶太人的情形，而就集體殘暴行爲來說，俄國人驅逐德國人的事情，跟納粹之所行相去不遠。我們這些自命高尚的人又如何呢？我們是不會做這些事情的，當然不會！可是，我們吃著鮮美多汁的牛排以及熱麵包，而日耳曼的兒童卻死於飢餓，因爲我們的政府都怕得罪我們，不敢要求我們放棄一些自己的享受。如果將來眞的有基督徒相信的末世審判，那麼面對那最後的審判團，我想我們有什麼好的藉口可以自辯？

道德的觀念，有時候伴隨著各種政治的發展，有時候超越它們。人類友愛這個理想，其最初的力量，就是出於各種政治上的發展。亞歷山大征服東方時，努力於消除希臘人跟野蠻人之間的界限，這當然是他那支希臘人及馬其頓人組成的軍隊太小，不足以憑武力平定這樣廣大的帝國。他強迫自己的部下娶蠻人貴族女子爲妻，而他自己，爲了做一個加倍好的榜樣，就娶了兩個蠻人公主。由於這項政策，希臘人的驕傲及排外性都除去了，而希臘文化得以擴展到並無希臘羅馬人居住的地方。創立斯多噶派的芝諾（Zeno）⑭，他在亞歷山大征服世界時，大概還是個腓尼基少年；而在斯多噶派的知名哲學家中，希臘人很少。提倡人類友愛這個概念的，就是斯多噶派。他們宣揚說：所有的人都是宙斯（Zeus）⑮的兒女，而且說，通達人必不看重希臘人與野蠻人之間的界限，對奴隸及自由人一視同仁。會當羅馬將整個文明世界置於一個政府以下，那政治的環境有利於這種學說的普遍。基督教的教

⑭ 芝諾（Zeno, 336/5-264/3B.C.），希臘哲學家。

⑮ 宙斯（Zeus），羅馬神話中的天帝。

義，雖然形式不同，但是意義相彷彿，更能夠打動一般男女的情感。基督說過，「汝當愛鄰如己」，有人問他，「誰為我鄰？」他就不怕麻煩地講了好撒馬利亞人的比喻（the parable of the Good Samaritan）⑯。假如你希望明白這個比喻的意思，就如當時聽眾所了解的，就應該以「德國人」或「日本人」代替「撒馬利亞人」。我怕今天的許多基督徒不高興用這種名稱代替法，因為這會強迫他們明白到：他們多麼違背這位宗教創立者的教訓。佛教徒在更早的時候也傳揚一個類似教義，照他們所說：佛曾經宣稱：只要有一個人是在悲慘之中，他就不能快樂。外表上看起來，這些崇高的倫理教訓，似乎對世人無所影響；佛教在印度衰微，而在歐洲，基督教已經喪失大部分得自基督的內涵。但是我想，這是膚淺的看法。基督教一旦征服了羅馬帝國，就使得競技表演告終，並非因為這殘忍，而因為其係偶像敬拜。不過，卻因此除去了當時流行的殘酷教育，而那原是使羅馬各城鎮居民墮落的原因。基督教也大力改善奴隸命運，大規模慈善事業得以成立，醫院也創辦起來。雖然大部分基督教徒都做不到基督徒的慈善，但這理想始終活著，而在每個世代鼓舞起一些著名的聖徒。它形式一變，而成為現代自由主義，始終在我們這個陰暗世界裡鼓舞最有盼望的事情。

法國大革命所用的大標語，「自由（Liberty）」、「平等（Equality）」及「博愛

⑯ 好撒馬利亞人的比喻，見《新約》路加福音一〇：三〇至三七。其寓意為，凡樂意助人困危者，都是鄰居。

（Fraternity）」，本來都是宗教上的。博愛的起源，我已經講過了，平等是古希臘「奧菲結社（the Orphic Societies）」[17]的一個特徵，而許多基督教的教義，是間接地出自這些結社。在這些結社裡，奴隸及婦女都可以像公民一樣，以平等的地位加入。柏拉圖就是根據奧菲結社的做法而贊成婦女有投票權，這也許會使某些現代讀者感到意外吧？奧菲會員都相信輪迴（transmigration）之說，而認爲，在某一生裡住在一個奴隸身上的靈魂，可能在另一生裡住在一位君王身上。從宗教的立場來看，將奴隸跟君王區別是愚蠢的；他們都因爲有一個不朽靈魂而珍貴，因此，在宗教上，誰也不比誰高。這個觀點，從奧菲教派傳到斯多噶派，又傳到基督教。有一個漫長時期，它的實踐效果很小，但到最後，遇到有利的環境，就發生作用，漸漸除去社會制度裡的不公平。舉例來說，請你一讀約翰．伍爾曼（John Woolman）[18]的《約翰．伍爾曼日記》。約翰．伍爾曼是一位教友派（Quaker）信徒[19]，他是最初反對奴隸制度的美國人之一。他之所以反對，眞正理由，當然是一種人道感情，可是

⑰ 奧菲結社（the Orphic Societies），源自奧菲斯神（Orpheus），此神善操豎琴，感動木石動物，而致祥和之氣。

⑱ 約翰．伍爾曼（John Woolman, 1720-1752）。

⑲ 教友派（Quaker），十七世紀中葉在英國創立的基督教之一派，原始教友派信徒主張和平主義、簡樸生活。

他能夠把這種感情強化，並且牽扯上基督徒的教義，使其更能自圓其說，而爲其鄰居所不敢公開否認。

當作一個理想來看的自由，有一段非常不安定的歷史。古代斯巴達是一個極權國家，像納粹黨徒一樣不需要自由，但是大多數的希臘城邦國家，都允許某一程度的自由。這種程度，我們今天應該會認爲過度；而事實上，由古希臘人的後裔來享受，我們一定會覺得過分。政治在當時就是暗殺與軍人奪權，其中一人支持政府，其他的就成爲亡命者。這些亡命者往往會聯合本城的仇敵，而跟在外國征服者的後面勝利歸來。這種事情當時是每個人都幹的，儘管現代史學家一味美言希臘人忠於城邦的情操，那時候的人，可不會把這種引狼入室的行爲看成是罪大惡極。這就使得自由過猶不及，造成大家由反動而欽佩斯巴達。

「自由」這個字眼，在不同的時代有種種奇特的含義。在羅馬，於共和國末期及帝國初期，這是指有勢力的元老院參議員有權掠奪各行省，以中飽他們的私囊。在大多數英語讀者心目中，布魯圖斯（Brutus）⑳是莎士比亞所寫「凱撒」裡面一位心志高潔的英雄，事實上則大爲不然。他會按六成貸款給一個市政當局，他們若付不出利息，他就僱一支私人軍隊

⑳ 布魯圖斯（Brutus），暗殺凱撒主謀之一。

把他們包圍。他的朋友詩人西塞羅（Cicero）[21]就曾好言相勸過他。在我們這個時代，「自由」這個字眼由那些企業鉅子用起來，意思也差不多。除了這兩種奇怪用法以外，「自由」這個字眼還有兩個嚴肅的含義，一方面，是一國族不受外來統治的自由，另一方面，是公民從事合法職業的自由。在一個有秩序的世界裡，這兩種自由都應該有所限制，可是，說來遺憾，前者始終被人按照一種絕對的意思來使用。這個觀點，回頭我再來說；我現在想要闡明的，是公民個人的自由。

這種自由，最初以宗教寬容之形式進入實際政治，因爲在十七世紀裡，無論清教徒或天主教徒，都不能把對方除滅，因此而廣泛採取了宗教寬容的主張。他們互相攻打了一百年之久，而升高到恐怖的三十年戰爭。打完以後，他們發現，雖然流了這麼多的血，到最後，雙方的平衡幾乎跟剛開始一樣。於是有些聰明人——大多是荷蘭人——就提議說：或許這些殺戮都是不必要的，或許我們應該讓人民自己思想，他們願意主張聖體共在論（consubstantiation）還是聖體變化論（transubstantiation）[22]，或者，聖餐之杯（the

---

㉑ 西塞羅（Cicero, 106-43B.C.），羅馬詩人。

㉒ 聖體共在論與聖體變化論（consubstantiation versus transubstantiation），聖體即指神、子及聖靈，前者以三位爲一體，後者以三位可互變。

Cup）是否應該傳給俗人（the laity），宗教寬容之說，是隨荷蘭國王威廉來到英格蘭，一起來的還有英格蘭銀行㉓及國債㉔。事實上，這三者全是商業精神的產品。

當時在理論上支持自由最有力的，是約翰・洛克，他花很大心血思考一個問題，即怎樣使最大程度的自由調和不可沒有的最小程度的政府管理。自由主義傳統裡的後起之士，都關心這個問題，一直到今天。

在十九世紀當中，至少在西方各民主國家裡，除了宗教自由以外，出版自由、言論自由及不受任意逮捕的自由，都理所當然地被採行了。但是它們在人心裡的地位，遠比當時人所想的不安定。到如今，它們的痕跡，不論是實踐的還是理論的，都不見於這世界的大部分地方。由於一次國民投票的結果，邱吉爾（Churchill）竟然願意和和氣氣地解除一身大權，他的想法，絕對是史達林無法了解也不會敬重的。我自己是一個堅定相信民主代議政府的人，我認爲，對那些有容忍也有自制的人來說，這是最好的政府形式，而也唯有容忍及自制能使其有效。可是，在有些國家，一般公民從未接受爲這形式所必須之「施與受（the

㉓ 一六九四年成立。

㉔ 一六九二年發行。

give-and-take）」[25]的訓練，而支持民主政體的人竟以為這可以立刻介紹給他們，那就犯了大錯。在一個巴爾幹半島的國家裡，不多年以前，在一次大選中，一個政黨以少數選票之差而敗給對方，就派人射殺對方議員，一直殺到本黨議員剛好達到多數為止，因此而挽回大局。西方人覺得，這是巴爾幹人的個性使然，卻忘了，從前克倫威爾及羅伯斯比爾也是這樣做的。

這使我想起重要政治觀念裡的最後兩個，而人類在社會組織上達到的成就，不論多麼不足道，均得力於它們。我所指的，就是法律與政府這兩個觀念，在這兩者中，政府是比較基本的，政府不靠法律能夠輕易存在，而法律不靠政府就不能夠存在——那些締造了國際聯盟及克洛格協定（the Kellogg Pact）[26]的人，都忘記了這個事實。政府的定義，就是將一個社會裡的各集體勢力集中於某個組織，而此組織藉這種集中之功效，得以掌握個別國民，並抗拒外國壓力。戰爭從來是助長政府權力的主要原因。有戰爭的地方，以及有迫切戰爭危機的地方，政府對平民的掌握，總是大於太平時候。但是，各國政府既憑抗拒外國侵略的理由

---

[25] 「施與受」，英文 the give-and-take，言平等互惠地對待。

[26] 克洛格協定（the Kellogg Pact），即克洛格—勃里昂協定（Kellogg-Briand Pact）簽訂於一九二八年八月二十七日，譴責戰爭，而同意和平解決國際歧見。一般稱「巴黎和約」，主要由法美推動。

取得權力，那只要他們能夠，他們自然會進一步用這權力增加他們私人的權益，而犧牲一般公民的。一直到最近，濫用權力最霸道的政府形式，就是絕對君權制。但是，在現代極權國家裡，這種惡行，更是變本加厲，是從前的暴君如薛西斯一世（Xerxes I）㉗或尼羅王所不能夢想。

民主主義就是爲了調和政府與自由兩者而想出來的一個辦法。顯而易見，說得上文明的一切如果要想存在，政府是必須的，但是全部歷史顯示：把權力委託一批人來管理另外一批人，那麼這些人只要不怕受到懲罰，就一定會濫用他們的權力。民主主義的意思，就是要使掌權者的任期有限，並有賴於全體國民的認可。只要這一點做得到，就足以預防最嚴重的權力濫用。羅馬第二次三人執政時期，因爲要跟布魯圖斯及卡西烏斯（Gaius Cassius Longinus）㉘作戰，需要金錢，就開列了一張富翁名單，宣稱他們是公敵，就這樣砍了他們的頭，劫奪了他們的財產。這種做法在今天的美國及英國是不可能的。其所以不可能，不僅是受惠於民主主義，更受惠於個人自由這個觀念。這個主張在實踐中包括兩部分，一方面是，一個人未經適當法律程序不得受罰，另一方面，在一定範圍以內，個人行動不受政府

㉗ 薛西斯一世（Xerxes I, 519?-465B.C.），波斯王，大流士一世之子。

㉘ 卡西烏斯（Gaius Cassius Longinus, d.42B.C.），在腓力比之戰敗績後自殺。

管制。這個範圍就包括言論自由、出版自由及宗教自由。以前還包括經濟企業的自由。當然，所有這些主張，在實踐中都有某些限制。英國從前跟印度打交道，並不遵守這些，遇到有人傳揚被認爲有顛覆危險的主張時，出版自由可以不受尊重，言論自由也不許鼓吹大眾，以支持暗殺一個不受歡迎的政客。但是儘管有這種種限制，在整個說英語的世界裡，個人自由這個主張，仍具有很大的價值。凡是生活在英語世界裡的人，一旦去到了一個警察國家，必定立刻會明白這個道理。

在社會演變歷史中，可以看到一個事實：某種政府制度，幾乎一定首先出現，然後才會出現各種企圖，嘗試政府與個人自由的共容不悖。在國際事務上，我們還沒有達到第一個階段，不過現在已經顯明，國際政府跟國家政府至少對人類一樣重要。在今後二十年，如果一切政府形式都被除去，則所貽患於人類，比起假如並無有效國際政府成立，是否爲大，我想大可懷疑。常有人辯論說：國際政府會壓迫人民，這有可能，我不否認，至少暫時會如此，但是，各國家政府在成立之初也都是壓迫性的，而且大多數國家政府，到現在還是壓迫性的，可是並沒有人根據這個理由贊成一個國家混亂無主。

凡是多少顯得令人滿意的那種有秩序社會生活，都建立在某些緩慢發展的觀念及制度之綜合及平衡：其如，政府、法律、個人自由及民主主義。當然，在政府出現以前各世代，個人自由早就有了，但在沒有政府的情形之下，文明生活才不可能。政府在出現之初，同時帶來奴隸制度、絕對君權，而且通常靠有勢力的祭司制度實施迷信統治。這些都非常有害於人類幸福，我們因此可以了解盧梭爲什麼懷念高尚野蠻人所過的那種生活。但這只是一種浪漫的理想化，事實上，照霍布斯所說的，野蠻生活是「險惡、粗暴、而短命。」人類的歷史偶爾會遭逢重大的危機。猿猴喪失尾巴的時候：必然經歷了一次危機，另外一次，我們的祖先想要站起來行走，而且喪失了保護身體的毛髮。我前面說過，地球上的人口，從前一定非常之少，後來因爲發明了農業而大大增加，到我們這個時代，又因爲現代工業及醫藥技術，而再度增加。可是現代技術使我們碰到了一次新的危機，這一次新危機裡，我們面對了一個抉擇：人類或者不得不再度成爲一種稀有品種，就如北京人當時的情形，或者我們必須把自己委身於一個國際政府。任何這樣的政府，無論是好的、壞的或不好不壞的，都能夠使人種繼續下去。而且，一如在過去五千年裡，人逐漸從法老王專制統治下慢慢往上爬，以晉於美國憲法的光榮。同樣的，在今後五千年裡，他們會從一個壞的國際政府爬到一個好的。但如果他們不成立一個某種性質的國際政府，新的進展就勢必要從一個低水平開始，大概就是從部落野蠻生活開始，而且勢必會在一次空前災難的毀滅後開始，而其情況，只有《聖經》上記載的大洪水可以相比。讓我們把漫長人類的發展做一個回顧：他起初是一種受追獵的稀有動物，惴惴不安地躲在洞窯裡，以避免那些他殺害不了的野獸之憤怒；他靠地上長的野生果實爲生，卻不知道如何栽培；在他想像裡，有鬼怪、有惡靈，還有兇惡的符咒。更增加了生命之恐懼；他後來發明了火、書寫、武器以及（最後）科學，才漸漸取得了支配環境的能力；他建立了一個社會組織，一方面阻止私鬥，二方面保障日常生活；他運用憑技術換得的閒暇，不僅用於懶散的奢侈，還用於美的製作，並揭開自然律的祕密；他漸漸懂得——儘管不完全——把愈來愈多的鄰居看成是同胞，共同從事生產，而不當作侵奪性的敵人。我們想到這漫長而艱辛的歷程，而又想到，由於未能採取次一個步驟——正確地來看，過去的各種發展即是爲此而作預備——人類又必須從頭來過，實在令人難以忍受。社會內聚，在猿猴時代只限於家庭，史前時代發展到部落，而在歷史之初，上下埃及及美索不達米亞達到小王國的程度。這些小王國漸漸變成古代的大帝國，然後又逐漸成爲今天的大型國家，比從前的羅馬帝國還要更大。最現代的種種發展，已經剝奪了小型國家的眞正自主性，到了現在，只剩下兩個大國，完全能夠獨立自主：我指的當然是美國跟俄國。要挽救人類免於災禍，所必須的，不過是再走一步，從兩個獨立國家變成一個——不靠會帶來災難的戰爭，而靠協商。

如果這一步能夠完成，所有人類的偉大成就，都將迅速地導向一個幸福的美滿的紀元，那是從前所不能夢想的。我們的科學技能將能夠把貧窮從世界上除滅，而所需要的，不過是每日四、五小時的生產勞力。在過去一百年中，迅速減少的疾病，將來還會更加地減少。透過組織及科學所獲得的閒暇，大部分無疑將用於純粹的享受，但是仍然會有許多人，看重科學及藝術的追求。將來必有一種新的自由，使人不受經濟的束縛，免於維生的艱難，而大部分人類都可以享受那種無憂無慮的冒險性質的生活，其如柏拉圖《對話錄》中富裕青年雅典人所過的。這一切都是在技術範圍以內可以輕易達到。其實現所需要的，只有一件事情：那些掌權的人，以及那些支持他們的人民，應該想到，使他們自己活下去，比使他們仇敵死亡，更爲重要。我們會認爲，這不算什麼高遠難以企及的理想，可是，一直到現在，這個理想都被認爲是人類智能所不及。

目前的時刻，是人類從來所面對最重要也最危險的時刻。人類在今後二十年內，將栽入無可比擬的災禍中去，抑將達到幸福、安全、福利及知識的新水平，則維繫於吾人集體智慧。我不知道人類將如何取捨。我們有嚴重的恐懼理由，但也有充分的可能性，獲致良好的解決，而使所望不致流於非理性。我們應該本此希望而行動。

一九四六年

第十章　有害人類的諸多思想

人類遭遇的種種災難，可以分作二類：第一類是由非人環境所加的那些，第二類是他人所加的那些。隨人類知識及技術的增進，第二類所占總數之比例，不斷增大。例如，古代饑荒起於各種自然因（natural cause），人盡其所能與之抗爭，仍有大量人口餓斃。目前，世界上大部分地方都面對飢饉的威脅，此狀況雖也可歸於若干自然因，主要原因則屬人爲。世界上各文明國家，用其一切精力於彼此殘殺，達六年之久①，最後竟突然發現，要轉而令彼此共活，已非易事。他們於是覺悟，農穫既遭破壞，農機既經拆毀，裝運系統又已瓦解，要藉他地之豐收以解一地之歉收，顯非易事，而此在經濟體系正常運作時即易於辦到。由這一實例觀之，如今人之大患頑凶，即是人。固然，人仍然在自然支配之下，難免一死，但以醫藥進步，長壽而得享天年之人，愈益平常。我們本來希望長生不死，盼望享受無窮盡的天國快樂，並以爲出於神蹟，天上生活的單調絕不至於乏味。但，事實上，你若去問一個不再年輕的坦率人，他很可能會告訴你說，此生已經嚐到滋味，不願「重做少年」，再過另一生。因此，我們可以認定：未來人類必須重視的最大惡行，乃是出於彼此的愚蠢或惡意或二者而加於對方者。

我以爲：人加於彼此而終又報應到自己身上的種種惡行，主要來源與其說在觀念或信

---

① 指第二次世界大戰。

念，不如說在行惡之魔性。至於那些確有害處的觀念及信念，通常是——雖然未必一定是——行惡魔性之口實。從前，里斯本公開燒死異端時，不時有受刑人悔悟而發表特別有益於人心的自譴，他就可以獲得法外施恩，先行絞斃，再予火焚。觀者一見如此，就會十分激憤，致使當局要大費周章，防止民眾自行私刑懺悔之人，再把他燒死。事實上，目睹那些可憐人在極大苦楚中掙扎，是當時民眾所樂見的一大快事，足以使他們所過的相當無聊的生涯呈現活氣。我敢相信：這種快樂大抵由於當時一種普遍的信念，即，燒死異端，是種義舉。同樣的道理，也適用於戰爭。精力旺盛而生性兇殘的人，往往覺得戰爭很好玩，只要勝券在握，而且姦淫擄掠不太受到干涉。百姓會接受宣傳，認爲打仗是好事，與此大有關係。《湯姆・布朗的求學時代》中的主角阿諾德博士②，是受人敬仰的公立學校改革家，他曾碰到幾個不通人情之人，以爲鞭打男童爲失當之舉。他對這一意見非常憤怒。凡是讀到這一段激烈憤慨文章的人，勢必會做如此感想：此公以鞭打兒童爲樂事，所以萬不願自己之所好被人剝奪。

以殘酷爲正當這種見識，是由殘酷天性所鼓動，此說不難藉多方舉證來支持。從前各時

---

② 阿諾德（Thomas Arnold），十九世紀前半葉美國教育家，對英國公校制度改革，貢獻甚大，如增設數學、現代語言等。

代的一些見識，如今看來都很荒謬；我們若加以檢視，必會發現，其中十有八九，旨在支持以楚毒施人爲正當。且以醫療一事爲例。麻醉劑發現當時，被視爲邪惡，因爲這是阻撓神旨意之企圖。瘋子被看作是鬼魔附身，而且認爲：要驅除盤居在瘋子身上的鬼魔，只須施苦楚於患者，即可令諸鬼不堪斯居。當時人照此見識行事，接連數年用有系統而蓄意的殘暴手段對付瘋子。醫療用心，在有益於患者，並非加以苦害，而悖謬至於這種地步，恐怕也僅此一例了。再者，以道德教育爲例。請先看下面一句詩所贊成的那種暴虐觀：

狗也好，妻也好，樹也好，
打得愈凶，長得愈好。

鞭打胡桃樹，有怎樣的德育效果，恕我不知，不過，說到妻子，恐怕沒有哪個文明人如今會苟同這句詩的主張。相信苛懲有教化效果，深入人心，其原因，我想，主要是因爲這頗能滿足我們的虐待天性。

然而人類生活裡的錯謬，雖然與魔性的關係，勝於信念，可是各種信念，尤其是那些由來已久的、有系統的、以及由組織化方式具體呈現出來的，勢力甚大，足以阻延見識上的良好轉變，也足以在錯誤方向上影響本來無論哪一方面都無強烈情緒的世人。既然我要說的是「向來危害人類的『觀念』」，我就要討論那些特別有害的信念體系。

與過去歷史有關係的最顯著事例，乃是那些可以稱之為宗教的或迷信的——視個人的偏見而定——信念。過去的人認為：獻祭會促進收成，起先為了純粹巫術上的理由，後來則因為認定犧牲可取悅眾神——祂們當然是照著敬拜者的形象所造。我們在《舊約》中讀到：悉數滅絕被征服的族類，是一種宗教責任，又：連放過他們的牛羊都是對神不敬的。對來生所抱的莫名恐懼及隱憂，壓迫過埃及人及伊突斯堪人[③]，但直到基督教全面得勝始充分發展起來。陰沉的聖徒，戒絕一切感官樂趣，獨居於沙漠中，不食肉不飲酒也不近女色，卻並非出於不得已而戒禁「一切」歡樂。原來他們視心意之歡樂優於肉體的歡樂，而在心意歡樂中地位最高的，就是觀察永世的苦惱，那都是異教徒及異端今後要承受的。禁慾主義（asceticism）的缺點之一，是不把情慾以外的歡樂看為有害，而，事實上，純屬心意的種種歡樂，不唯有最好的，也有最壞的。請看米爾頓筆下撒旦的賞心樂事，他當時所觀想的，是他能夠施於人類的危害。米爾頓是這樣教他說的：

> 心自居一所在，且憑一己
> 能變地獄為天國，變天國為地獄。

③ 義大利中部之地，古代為一國家。

他的心事，跟特土良（Tertullian）④的心事，並無大差別，後者最樂於思想的，是他將來能從天國俯看被定罪者所受的苦難。禁慾者（ascetic）貶抑情慾之樂，卻不鼓勵仁慈或寬容；至於非迷信人生觀會引我們去嚮往的其他美德，他們也不獎助。相反的，一個折磨自己的人會認爲：他因此就有權去折磨他人，他也因而可以接受任何強調這一權利的教條體系。

說來可憾，禁慾主義的殘酷行爲，並不限於基督徒教條中較爲劇烈的那些；這些如今已鮮有人秉承從前的狠心來相信了。世人已經照原來的心理型態產生了種種新鮮而恐嚇人的形式。納粹黨徒在得勢以前，日子過得很苦，十分犧牲閑逸舒適及眼前歡樂，死心塌地相信任重道遠，以及尼采（Nietzsche）「苦其心身」之金言。即使在攫權之後，仍倡「大砲勝過奶油（guns rather than butter）」，其意爲：爲未來勝利帶來的心滿意足，應犧牲一切情慾快樂——事實上，米爾頓的撒旦在受地獄烈火煎熬時，他用以自我寬慰的，就是這些心頭之樂。同樣的心態，也見於熱心的共產主義者；他們視奢侈爲大惡，視勞苦爲己任，而視普世貧窮爲達到至福千年的手段。禁慾主義與殘酷忍心之聯合，不隨基督徒教義轉於緩和而消失，卻換上了與基督教爲敵的各種新款式。那心態則大致如舊：先將人分別爲聖徒與罪

---

④ 特土良（Tertullian, c.160-c.230A.D.），迦太基地方神學家。

人；聖徒必在納粹或共產黨天國中獲至福，而罪人必受清算，或受人類藉集中營能施予的等等痛苦——那當然比不上我們以為「全能者」藉地獄所施予者，然而已是能力有限之人類努力所致的最惡劣者了。即令是那般聖徒，也要先挨過一段艱難的考驗時期，始可「得勝而呼喊，赴筵而讚頌」，其如描述天國歡樂的基督徒頌歌之所言。

既然這種心理型態是如此久而彌堅，又如此能夠更換上全新的教條外袍，則探其根源，必在人性深處的某個角落。這樣一個問題，正是心理分析學家所研究的對象；我固然一點也說不上認同他們的種種學說，卻認為他們所用的一般方法大有用處，可依我們所願尋找出人心最深處之惡源。罪與罰（sin and vindictive punishment）這兩個孿生觀念，無論在宗教上抑在政治上，都同出於一最為頑強的根由。有的心理分析學家認為：罪意識為天生本然，我不敢苟同，我倒相信，這出於人之初生之時。我以為：此意識竟而得以除去，人世間的殘暴，也會大大地減少。假定我們全都是罪人、又假定我們全該受罰，那使懲罰落在別人而非我們頭上的制度，顯然值得稱道。⑤喀爾文派教友，憑不配得的恩惠之許可，都會上天國，而他們認為罪應受罰的感受，會得到一種僅為代替性的滿足。共產黨人

---

⑤這句話是照若干新教派的「選民說」及「基督代罪說」來發揮，見下文可知。選民者，創世之前即已被神揀選為信徒，有永世不墮之恩典，而因其所犯的一切罪愆皆由基督來代擔，故無論如何皆可上天國。

有類似的看法。我們出生時，無從選擇自己是生爲資本家或普羅階級，萬一是後者，那就是選民（Chosen People），如爲前者，就不是。我們本身毫無選擇可言，全憑經濟決定論（economic determinism）的運作，我們就命定因爲如此而在對的一邊，又因爲如彼而在錯的一邊。馬克思的父親，在馬克思幼年時成爲基督徒，而他必然接受了的教條中，至少有一些顯然在他兒子的心裡結出果實來了。

我們自以爲重要的心理，有一奇特的後果，即：我們會想像，我們個人的好運或歹運，是其他人行動之目的。如果你坐火車經過一片有牛在吃草的田地，或者可以見到，牛兒在火車通過時逃奔開去。那頭牛，如果是個形上學家，會議論說：「在我自己意願、希望與恐懼中的一切，都跟我自己有關係；由此推論，可以得知：宇宙中的一切莫不跟我自己有關係。所以，這喧鬧的火車假設非有意對我好，就是有意對我壞。我不能假定它有意對我好，因爲它來勢兇狠嚇人，所以，我既自許是一頭愼重的牛，不如儘量遠避之爲吉。」如果你可以向這位形上的反芻動物解釋說：這列火車並無出軌意圖，而且跟此牛命運毫不相關，這可憐畜牲就會被這番不合常情的話搞得糊裡糊塗。這列對牠既不懷好意也不懷惡意的火車，比起一列對牠不懷好意的火車來，顯得更加地冷漠，也更加無比地嚇人。這樣的事情，恰好就發生在人類身上。自然之運行，時而帶給他們好運，時而帶給他們惡運。他們不肯相信；這原出乎偶然。那牛，從前有過一個同伴，牠因爲留在鐵軌上不走開而被一列火車輾斃；假令此牛也像大多數人類那樣生來有點慧根，牠就會作一番哲學上的反思，而獲致一個結論：那頭不幸的牛，是因爲犯罪而受到鐵路之神的懲罰。牠見到神的祭師在鐵路沿線樹起籬柵，就引以爲慰，並會警告小牛及淘氣牛，絕不許放任自己，走過籬柵上的意外缺口，因爲罪的價值乃是死。許許多多人所遭遇的不幸，都可以靠類似的神話來解釋得頭頭是道，卻不致犧牲人的自我中心觀。但有些不幸之事竟落在全然有德者身上，碰到這種情形，我們該怎麼說呢？我們因爲自覺：我們必然是此宇宙之中心，所以仍舊不肯承認說：不幸臨到自己，悉爲偶然，而非任何人之意圖；又因爲我們爲惡並非假設而如此，我們的不幸必由於某人的惡意，意思是說，某人欲加害我們，純出於仇恨而非出於希望他自己的什麼好處。鬼魔道、巫術及妖法，正是從這種心態生出來的。女巫之爲人，她傷害同鄰，純因仇恨，而非出於任何利得之望（譯按：害人而爲利，此利乃假設而如此，出於仇恨，則爲必然，蓋惡意先已存於心中）。自以爲義的殘酷情性所求快意發洩，在古代的巫術迷信中找到了最好出口，一直持續到十七世紀中葉前後。這迷信有《聖經》上的認可，因爲《聖經》說：「行巫術的女人，不可容他存活。」本此依據，宗教法庭不僅懲罰女巫，也懲罰那些不相信巫術效能的人，因爲不信此事，即是異端。科學使人認識自然因果，從而消解對巫術之迷信，但不足以完全驅除那已培育了的對巫術的恐懼及不安全感。到了現代，同樣的情緒另有一個出口，那就是怕外國人。要說明的是，這種發洩倒不太需要迷信的助長。

虛假信念有種種極具威力的來源，其一是嫉妒。到任何一個小鎮去，你都會發覺，如果向頗爲富裕的人家打聽，他們一律吹噓鄰居的收入，因爲，如此一來，他們就可振振有詞地責難人家小氣。男人莫不知女人善妒，但是你若到大公司去，就會發現，男性同事之間的嫉妒也完全一樣。遇到其中一人得到晉升，別的人必會說：「哼！某某眞懂得攀龍之術。我又何嘗不能平步青雲，只要我肯低聲下氣，用上他那套吹拍功夫。難怪他的考績年年甲等，但那是不牢靠的，早晚，層峰會看出紕漏來。」碰到一個眞才實學的人，得到賞識而連升三級，那些碌碌之輩一定會說這番話。資深考核法之所以頗受採行，即是以此，因爲這不論才幹，所以也不會引起嫉妒與牢騷。

人的嫉妒癖，有個最爲不幸的後果，即：使人對經濟自利行爲——包括個人及全國的——抱完全錯誤的想法。我要舉個比喻來說明。從前有個不大不小的城鎮，住著許多肉商、許多麵包商，等等又等等。有一個肉商，特別有幹勁，他抱定主意：如果其他的肉商全都破產，生意由他獨占，他就可以利市百倍。他有系統地以低於各店的價格出售，果然如願以償，只是他這期間的虧損，幾已耗竭了他的資本及信用。同時，有一個上進的麵包商，打同樣的主意，也努力奮發，獲得了不相上下的成就。在每一種靠出售產品給消費者的行業裡，都發生了這樣的事情。每個志酬意得的獨占商，都暗自慶幸發財有望，可是，很遺憾的是，那些破了產的肉商都不再買得起麵包，而那些破了產的麵包商再也無力買肉。他們不得不辭退佣工，叫他們另謀高就。結局是：雖然那位肉商與那位麵包商都有了獨占市場，他們賣出去的，反而比從前更少。他們當初都忘記了一個道理：一個人固然會受同業競爭之害，同時卻受到顧客之惠；又：水漲則船高，一般景氣轉佳，顧客的人數隨之增多。嫉妒令他們的目光只看到競爭者，而全然忘記：他們的興旺有賴於顧客。

這只是個比喻，我所說的那個城鎮亦屬子虛，但如以一城鎮代替世界，而以個人代替各國，那你就可以看清今天普遍所追求的經濟政策是怎麼回事了。每個國家都相信：其經濟利害與其他各國的對立，因此：他國若淪爲赤貧，本國必可得利。在第一次世界大戰期間，我常聽到英國人說：德國貿易一垮，英國將如何大受其益，而這就是我們勝利的主要收穫之一。戰後雖然我們很希望在歐陸找到一個市場，又，雖然西歐的工業命脈有賴魯爾（Ruhr）所產之煤，我們卻不肯放手，讓魯爾煤業大量生產，反加以限制，使其所產不超過德國戰敗之前產量的一小部分。如今全世界都流行經濟民族主義（economic nationalism）⑥，而其整個觀念即基於下述這個虛假的信念：一國之經濟利益必然與另一國的對立。這個虛假信念會導致國際仇恨及競逐，所以是戰爭的一個原因，而且更因戰端而益顯眞實，因爲一旦開戰，各國利害衝突更切痛癢。如果你想跟某人解釋說：以鋼鐵工業而言，其他各國若得以興旺，他自己也有好處，你就會發現，他不會開竅的，因爲，他所虎視眈眈的外國人，正是鋼鐵工業界跟他競爭的對手。其他外國人則似有而若無，他對他們無切身的利害。這就是經濟民族主義的心理根由，而戰爭、人爲饑荒及一切其他惡行，必將致我人文明於一災難與羞

---

⑥ economic nationalism 亦可譯作「經濟國家主義」或「經濟國族主義」。

恥之結局，除非人肯受開導，取一較開朗又較不神經質的眼光，來看他們的共同關係。

另有一種情熱，會引起政治上有害的假信念，此即驕傲——以國籍、種族、性別、階級或信仰爲傲。我年輕時，法國仍被視爲英國之世仇，而照我推想，大家都想當然地認爲：一個英國人打得倒三個法國人。等到德國人成了仇敵，這信念即經修正，英國人不再取笑法國人愛吃青蛙的癖性。但不管政府怎麼宣導，沒有多少英國人會由衷視法國人爲同輩。英國人，認識了巴爾幹人以後，將保加利亞人與塞爾維亞人、或匈牙利人與羅馬尼亞人的彼此敵意考察一番，就會訝然失笑。在他們明眼觀之，這些敵意都甚可笑，而以每一小國自覺優越的想法爲毫無來由。可惜他們竟無從明白：一個「列強」的國族驕傲，根本上也毫無來由，一如那巴爾幹小國所自視。

種族驕傲，比之國族驕傲，其爲有害則尤甚。我到中國去的時候，深深感覺到：有教養的中國人，恐怕比任何其他人類都更開化，遇之而以爲有幸。可是，竟有許多粗陋無文的白人，僅因爲中國人的膚色而輕視之。一般而言，這種事情，可以歸咎於英國人多於美國人，當然也有例外的情況，有一次我認識了一位學識淵博的中國學者，他不唯嫻熟中國傳統文化，而又精通西方各大學所教之學術，其胸臆翰涵之大，令我自嘆弗如。他跟我有次同至一車庫，欲租一輛汽車代步。那車庫老闆是個美國人裡的壞榜樣，他待我的中國朋友如糞土，鄙夷詆誣他是日本鬼子，我見他無知逞惡之狀，氣得熱血沸騰。英國人在印度，態度彷彿又因政治勢力而更加囂張。那裡的英國人與受過教育的印度人之間，多有磨擦，此爲主因之一。一族優於另一族之意識，從來都沒有人憑什麼好理由來相信過。凡此信念牢固的地方，必賴武力優勢而跋扈。日本人只要戰事有利，就以輕侮對待白人，這跟他們積弱之際白人對他們的態度，正好成一對照。不過，有時候，優越意識跟軍事威風無涉。希臘人瞧不起野蠻人，縱使在蠻族武力凌駕他們時，亦如此。希臘人中比較通達的，認爲：只要是希臘人做主而蠻人爲奴，奴隸制度是可取的，如果反過來辦，那就不自然了。古代的猶太人，莫名其妙地相信他們的種族優秀；自從基督教成爲國教以來，「外邦人（Gentiles）」⑦同樣沒道理地相信：他們優於猶太人。相信這種事情，禍害無窮，而教育的目的之一，應該就是把它們除去，而事實上則否。我剛才講到，英國人對待印度居民，優越態度溢於言表，自然在那個國家引致憤懣，但是印度的種姓制度，起於先後入侵的北來「較優越」種族，說起來，那是跟白人倨傲自大同樣使人十分不滿的。

有人相信男性的優越，這如今在西方各國已經消失。它是驕傲之罪的一個不可思議的實例。我想，除了男人有優越的肌肉之外，就別無任何理由，可以使人相信他有什麼天生的優越處。我猶記得，有次去到一個地方，養著不少純種牛，而所以使一頭公牛優秀的，乃是其母系祖先的產奶品質。但如果公牛自己寫起血統表來，那內容就大不相同了。其中不會說到

---

⑦ 外邦人（Gentiles），《舊約》中，指猶太人以外之一切人。《新約》中，指基督徒以外的一切人。

母系的祖先如何，最多說牠們馴良有德，卻會把父系祖先的驍勇善戰加以頌揚。論畜牲，我們能對兩性長處作沒有利害關係的看法，但一說到我們自己的品種，就比較不易客觀。從前人容易展現男性優越，因爲女人如果懷疑丈夫的雄風，他可以揍她。這方面占了優勢，其他的也就可以類推出來。男人比女人講理、比較有創意、較不受情緒左右等等。在女人得到投票權以前，解剖學家根據腦部研究而發展出許多巧妙的議論，說明男人的智能必然大於女人的。這些議論後來都一一被證明不是眞的，但總有另一說法繼之而出，從而推出同一結論。以前人認爲：男性胚胎在六週後就有靈魂，而女性要在三月以後。自從女人取得投票權以後，這見解也被捐棄。聖多瑪斯・阿奎那說，男人比女人理性，並用括弧表示，彷彿這是天經地義的。我個人就沒見過此說的證據。有少許人，在某方面略有些理性的閃光，但以我的觀察所得，這樣的靈性無論在男人或女人中間一樣不多見。

男性支配權有一些很不幸的後果。這使得婚姻這種最親密的人類關係成爲主奴相屬，而非平等的夥伴。這使得男人無須爲了得女子爲妻室而取悅之，從而使求愛術僅限於種種異常的關係。由於那強加於體面女子身上的隔離，才使她們變得遲鈍而無趣；僅有那些爲社會所不容的女子，才顯得有趣而具膽識。由於體面女子的遲鈍，最文明國家裡的最文明男人，往往變成了同性戀。由於婚姻裡沒有平等，男人才有了根深蒂固地指使女人的習性。這一切，如今在文明各國中多少不見了，但若要男人或女人懂得在行爲上完全適應新形式，仍須假以時日。解脫之初，必有壞後果隨之；這使得原先的優越者不甘心，而且使得原先的卑下者僭越。只希望這件事情一如其他，經時間而得調整。

另有一種迅速消失中的優越感，是階級上的，這目前僅殘存於蘇俄。在那個國家中，普羅階級的兒子享有多種優先，而爲小資產階級的兒子不能問津，但在別的地方，這樣的遺傳特權被視爲不公平待遇。不過，階級區別之消失，很不夠完全。在美國，人人都認爲：沒有誰在社會上優於他，因爲人人平等，但是他可不承認：社會上也沒有卑於他的人，因爲，從傑佛遜的時代以後，人人平等之說只往上看，不往下看。世人每每以泛泛之詞來說這件事時，就顯出一種深入人心且廣泛普遍的僞善。他們眞正的想法及感受，只要一讀二流小說即可發現。讀者在其中讀到：出生在跑道的錯誤一側，實在可怕，而且大家十分講究「門當戶對」，一如從前日耳曼小朝廷中的風習。只要財富大有懸殊的情形存在，便實在想不出法子把這種情形逆轉過來。在英國，勢利心深入人心。由大戰所造成的收入平均化的現象產生了一種深刻的影響，因而在年輕人看來，老一輩的勢利眼，漸漸顯得有點滑稽。英國仍然有相當大量令人遺憾的勢利，但大抵跟教育及談吐有關，而非如從前那樣跟收入或跟社會地位有關。

信仰之驕傲是同樣感情之又一花樣。最近我從中國歸來，向美國的許多婦女團體講述該國情事。總有一位年長婦人，在演講中大睡其覺，但到末了，就會來意不善地問我，我爲什麼沒提到：中國人不信神，才無德行。我想像：鹽湖城的摩門教徒，在剛剛接受非摩門教徒時，也有同樣的態度。在整個中世紀裡，基督徒跟回教徒都深信彼此的邪惡，也都無從懷疑他們自己的優越。

這些全都是自覺「了不起」的快意方式。爲了幸福，我們需要一切支持自尊的理由。我們是人類，故人類乃世界創造之目的。我們是美國人，故美國是神寵之國度。我們是白種人，故神詛咒含（Ham）⑧及其黑人後裔。我們是新教徒或天主教徒，故天主教徒或基督教徒——看自己是在哪一方面——都是可厭憎之人。我們是男性，故女人都不講理；或爲女性，則男人都蠻橫。我們是東方人，故西方人爲夷狄而多毛；或爲西方人，故東方人爲弱民。我們用大腦思想，故受教育階層爲重要；或用雙手勞作，則勞動爲神聖。最後，也最重要者，我們莫不有一點全然獨特之處，故爲「我們自己」。帶著這些自反而縮的想法，雖千萬人而吾戰矣；苟非如此，我們的志氣即不足以振作。照實說吧，苟非如此，我們必會覺得自卑，因爲我們並不懂得平等之情操。如果我們能由衷覺得：我們與同鄰一律平等，既不優之復不卑之，那麼生活恐怕未必是一場戰爭了，我們也就不那麼需要用麻醉人的神話來鼓勵自己。

人與國族都會受左右的最有趣也最有害的錯覺之一，乃：想像自己是「神道意志（Divine Will）」之專用工具。我們曉得：以色列人入侵「應許之地」時，他們是在實現

---

⑧ 含（Ham），挪亞次子，見〈創世紀〉第十章第一節。

「神的旨意」，而原居其地的赫人（the Hittites）、革迦撒人（the Girgashites）、亞摩利人（the Amorites）、迦南人（the Canaanites）、比利洗人（the Perizzites）、希未人（the Hivites）及耶布斯人（the Jebusites），則否。事實上，赫人確實留下了若干碑文，根據它們，你絕猜不到他們是何等自棄的可憐人。有人發現：「就事實而論」，羅馬本乎眾神之定命，要征服世界，然後來了挾著狂熱信仰的回教徒，他們相信：凡為「眞信（True Faith）」戰死之勇士，直赴一「樂園（Paradise）」，那遠比基督徒的天國有意思，蓋其間有神女，比豎琴迷人。克倫威爾深信：他是神所指定的公義之器具，以鎮壓天主教徒及保王黨人。安德魯・傑克遜（Andrew Jackson）⑨是「神示命運（Manifest Destiny）」之代辦，從不守安息日的西班牙人壓迫下解救北美洲。在今天，「主的寶劍（the sword of the Lord）」乃是在馬克思信徒的雙手中。黑格爾認為：有宿命邏輯的辯證法，已將至尙無上之地位賜予日耳曼。馬克思說：「不對，並非賜給日耳曼人，卻賜給了普羅階級。」這個教條，跟「選民」及「神示命運」這些早先教條，一脈相承。照宿命論的特性來看，逆我者即逆命運，因此說：識時務者宜儘快站到得勝的一邊去。因此，這一議論在政治上大有用處。唯一可以拿來反對的理由是：其所擅稱知曉神之旨意，是凡理性之人都不敢妄以自許

⑨ 安德魯・傑克遜（Andrew Jackson），美國第七任總統。

的，以及：其在執行神意時得出之以無情殘酷手段，此若秉凡俗動機以行，必受譴責。知道神站在自己身邊，自是好事，但，你若發覺，敵人竟同樣相信那完全相反的事情，你就不免會有點迷惘了。此引數行一次大戰當中一位詩人所寫的不朽名句：

奮戰乎英格蘭，神祐吾王。
神祐，神祐、神祐一切。
「老天，」神說，「我早已失業。」

相信一種神道使命，是那些折磨人類的許多確信形式之一。我想，人說過的最明智一句話，是頓巴之戰以前克倫威爾向蘇格蘭人講的：「我憑基督的憐憫懇求你們，要想到你們都會犯錯。」但是蘇格蘭人不肯這樣想，所以他只好以戰服之。可惜克倫威爾從未向他自己說這話。人所加於人的大多數最大之惡，都出於那些有所確信的人，而事實上他所相信的，原是錯的。明白眞相，比大多數人所想像得難。相信唯獨自己的黨派有眞理，而以不反顧的決心採取行動，必招災禍。有的長遠打算認爲：爲了未來或許有利，目前值得暫施惡法，這種想法非予懷疑不可，因爲，莎士比亞說：「未來一切，猶非定數。」連最精明的人，如果預言十年以後的事，也不免離譜走板。有人會認爲，這個說法是不道德的，但「勿爲明日憂慮」一語原是福音上說的。⑩

無論爲公爲私，都應以寬容及仁厚爲重，卻不可武斷自恃，以爲神機獨擅，足以預卜未來。

本文題爲「危害人類的觀念」，或不妨改爲「觀念危害人類」⑪，因爲，有鑒於未來不可先窺，而世人對未來所抱之信念，萬彙千狀至於無窮，因而可知：人所抱持的任何信念，其爲眞實不虛之機會，十分渺茫。凡十年以後之事，不論你做何種設想，都幾乎一定是錯的，除非其事不涉及人類關係，如太陽明天又會升起之屬。我覺得，這一想法足以解意，因爲我想起來，自己也曾輕率莽撞，說過一些悲觀的預言。

但是你會反問說：假設並非假定未來多少可以預料，政治之術將何以爲可能？我承認：某種程度的先見之明，在所必須，而且我並非在暗示：我們是全然無知。如果你向某人說，他是惡棍是呆子，他必不喜歡你，這就是合理的預言；如果你向七千萬同胞說這樣的話，他們都不會喜歡你，這也是合理的預言。我可以很有把握地說：你死我活的競爭，

---

⑩《舊約》眾先知每以預言警世，而民弗信，行悖逆之事。羅素此言「不道德」，乃本乎此。

⑪ 本文原題爲 Ideas that have harms mankind，羅素在此提議改爲 Idea, have harms mankind。少一指示代名詞，意思乃由局部轉爲全體。

必不會使競爭對手產生好同伴的感情。我也大可以說：如果兩個現代戰備的國家在前線對峙，又如果兩國領導人誣蔑相加。兩國人民必會緊張不安，其一方必會出於恐懼——怕對方克制——而攻擊。我又可以大膽地假定：一場現代世界大戰，必致連勝利者也無由興旺繁榮。此等概括論斷，並不困難。難的是鉅細靡遺地預見一實際政策之長久後果。俾斯麥（Bismarck）一代梟雄，三戰連捷，而統一德國。他的政策貽患後來，使德國二度鉅挫。所以如此，是因爲他教導德國人，除德國外，勿顧及其他各國之利益，因而助長一種侵略精神，終使世界聯合起來對付他的後繼者。不論個人抑國族，自私逾分，乃非明智。事或僥倖得逞，一敗必不可收拾。人苟非有理論爲恃，多不敢涉此深險，而唯理論使人全然無謹愼之心。

從道德轉到純知識的觀點，我們須自問：社會科學能有何所爲，以建立適當的因果律，使有助於政治家作政治上的各種決定。有些很要緊的事情，漸爲人知，其如怎樣避免自上次大戰以來即危患世界的貧民窟及大量失業。如今，凡是曾下功夫細察大勢的人，也都大致明白：只有一個國際政府能防止戰爭，以及：如果再經一次大戰，文明就岌岌乎不存。然而，雖有人知，而所知未足以行；一則此知識尚未透入大眾之間，二則力量不大，不足以控制陰險勢力。事實上，政客樂意採行或能夠採行者，不過爲社會科學之一小部分而已。有人將此無力現象歸之於民主主義，但在我看來，這在獨裁政治中特爲顯著，甚於他處。不過，對民主主義的信仰，一如其他信仰，也會超過限度，而成爲狂信，並因而有害。一個民主主義者未必就要相信：大多數一定作出明智的決定；他必須相信的是：大多數的決定，無論明智與否，均須接受，以待大多數再作出不同的決定。而他所以相信於此，並非因爲對平常人的智慧抱任何奧妙觀，而係視此爲最好的實踐法：以法律之治取代獨專勢力之治。民主主義者也未必要相信：民主主義是最好的制度，無往而不利。有許多國族，並不具備爲議會體制成功所需之自我約束及政治經驗，對於這些地方，民主主義者雖願見他們獲致所需的政治教育，卻也要認清：在時機尚未成熟以前勉強施行一制度爲無益，因爲那是幾乎一定要垮掉的。在政治上，一如其他方面，不以絕對論事；好或壞，可隨時地而易，某種舉措能滿足一國族之政治本能，於另一國族則顯然全爲徒勞。民主主義者一般的目標，是以普遍同意造成之政府取代武力造成之政府，但此所要求者，爲一批接受過某種訓練的民眾。假設一個國族分裂成兩個幾乎相等的部分，彼此互爲寇仇，且久欲置對方於死，那略小於半者，必不雌伏於另一半之支配，那稍大於半者，於得勝之際，也必定不肯表示敦厚以謀裂痕之癒合。

目前這個世界，迫切需要兩樣東西。一方面爲組織——爲消弭戰爭而設的各種政治組織，爲使人有效生產的經濟組織，特別是那些曾經戰爭摧殘各國所需，以及啓發理性國際主義的教育組織。另一方面需要各種道德品質——許多世代以來道德學家所主張的品質，唯一向均不能行之於世。最爲需要的品質，乃是慈愛與寬容，而非由各猖獗主義所提倡的那些狂熱信仰。我以這兩個目標，一爲組織上的而一爲倫理上的，爲密切交織而不可分；既得其一，另一隨有。但，實際上，如欲使世界走上正途，就必須要同時在這兩個方面行動。將來，那為戰爭之自然後遺的邪惡情熱，必會逐漸減少，而組織將日增，人類即可藉以而互助。將來，人類必會同時於知識上及倫理上領悟到：四海一家，而此家中一支的幸福，絕不能建造在另一支的毀滅上。在目前，種種道德缺陷阻擋著清明的思想，而混亂的思想又助長道德的缺陷。說不定——雖然我實在不敢作此想像——氫彈會嚇醒人類，變得清楚而寬容。如果如此，我們倒要感謝那發明者了。

一九四六年

第十一章　論平生所識著名人士

我的一生，從維多利亞時代到今天[1]，當中認識了不少名流男女。以我的經驗，令人難忘或感人深刻的氣質，在那些於歷史上留下最大足跡的人身上，並不最顯然，而例外的僅爲少數。我只見過維多利亞女王一次，那是在我兩歲的時候，可惜我事後惘然，唯聽長者言，我當時舉止得當，令人訝異。另一方面，我在周歲時首次見到白朗寧（Robert Browning）[2]，他是許多人心目中一時詩人之最；我曾尖起嗓門說「巴不得那人閉嘴」，而打斷過他的話頭。他暮年時，我經常見到他，發現他並無令人起敬之處。他是位和善的老年紳士，在中年仕女的茶會上從容自若，他衣著講究、溫文爾雅、一副宜室宜家的樣子，絲毫沒有詩人該有的那種神聖火氣。

與他大爲不同的，是但尼生（Alfred Tennyson）[3]，也是我當時所常見；他總在扮演詩人的角色，我後來在青年時代看輕他，就是因此。他經常披一件飄飄然的義大利斗篷，在鄉間高視闊步，蓄意裝出一副視（道塗相遇）而不見的樣子，彷彿詩思玄妙，忘其所以。我

---

① 本文寫於一九五〇年。

② 白朗寧（Robert Browning, 1812-1889），英國詩人，創戲劇性獨白爲文學形式，著有《戲劇人物》詩集。

③ 但尼生（Alfred Tennyson, 1809-1892），英國詩人，有詩鈔傳世。

見過的其他詩人中，最令人難忘的，要數托勒爾（Ernst Toller）[4]，主要是因爲他能分擔他人的強烈苦楚。我相當熟稔的一位，是布魯克（Rubert Brooke）[5]；他貌美有生氣，但帶上一點拜倫風的言不由衷，又有些輕浮，使我對他的印象美中不足。

在有名的哲學家裡，除去至今健在的，給我印象最深的，是威廉．詹姆士（William James）[6]。儘管他爲人完全自然，復無大人物之自覺意識，仍令我難以忘懷。不論他有多深的民主意識，也不論他何其渴望與凡俗合而爲一，他仍然是個天生的貴族，自有一種威儀，令人起敬。有的哲學家——不一定是最了不起的——所以使人信服，乃出於他們本身的知識誠實之氣性。其中有個最好的實例，就是亨利．西季威克（Henry Sidgwick）[7]，他是我的倫理學業師。在他年輕時，劍橋大學的研究生獎學金，只給予那些肯在英國教會三十九條上簽名的學生。他既簽以後，過了多年，漸有疑惑，而且，或許覺得不可能肯定他的信仰未變如昔，就決定提辭，以示負責。此一行動，加速了有關法令之改變，終於中止古老神學

④ 托勒爾（Ernst Toller, 1893-1939），德國戲劇作家。

⑤ 布魯克（Rubert Brooke, 1887-1915），英國詩人，性浪漫，具傳奇性。

⑥ 威廉．詹姆士（William James, 1842-1910），美國心理學家及哲學家，持「極端經驗主義」，著《心理學原理》、《實用主義》。

⑦ 亨利．西季威克（Henry Sidgwick, 1838-1900）。

上的各種限制。他做人師，一如其爲人，誠實無二，對學生所提異議，莫不予客氣周到地考慮，宛若同事間之應對。他之所教，乃尤益於後進，而爲許多上師所不及。

卓越的科學家，另有一種令人感銘之處，那是大知識與童稚簡純二者揉合而成。我說的「簡純（simplicity）」，並無戇然若愚之意；我是指那種思不及於己的習慣，無論一言一行，均不計及世俗得失。在我認識的科學家中，在這一品性上最足爲典型的，是愛因斯坦。

說到政治家，我倒認識了七位首相，包括家祖父（他在一八四六年組閣）及艾德禮先生。其中最令人難忘的，是格萊斯頓（W.E. Gladstone）⑧。凡認識他的，均以格萊斯頓「先生」稱之。我在公眾生涯中結識的，自覺獨有一人，在個人印象上可以與之相當，那就是列寧。格萊斯頓先生是維多利亞風調的化身，而列寧則爲馬克思公式的化身——這兩位都不太近人情，但都挾著一股自然力之威勢。

私生活裡的格萊斯頓先生，以目光的威勢指使人；他的目光迅捷若利矢，且刻意如此，用以懾服。一般人見到他，則覺如兒童對舊式教師，每每出於惶迫而呼「老師，求求你，

---

⑧ 格萊斯頓（W.E. Gladstone, 1809-1898），英國自由黨領袖，曾四度出任首相之職，任內重大改革多項，善演說，精於財經。

不是我幹的。」人人有此同感。在我想像中，沒有一個血肉之軀，敢冒最起碼的「大不韙」，去向他打小報告；那進言之人，接觸到他那道德恐怖，刹那間就凍成了石柱。我的祖母，是我所見最可畏的女子；別的名流，在她面前都要讓她三分。但是，有一回，格萊斯頓先生要來喝茶，她事先昭告我們：她大大反對他的愛爾蘭政策，所以要整一整他。他來了，我也始終敬陪於側，摒息以待那意料中的火拚。可甭提啦！家祖母竟柔聲到底，壓根兒未出一語以惹獅吼；在場無一人覺察到：她跟他在何事上有小過節。

我一生中眞正大驚嚇的經驗，莫不與格萊斯頓先生有關。我十七歲那年，還是個靦腆害臊又舉止顢頇的少年，碰到他來我家度週末。當時舍下唯我獨「男」，故在膳後仕女告退之後，我就留下來跟這個食人魔鬼「面面相覷」。我一時怖畏過度，無法善盡東主之誼，而他也一點也不打圓場。彼此久久枯坐，不交一語；終於；他紆尊降貴，用宏鐘似的低沉嗓門說了唯一的一句話：「府上待客的白葡萄酒很不錯，但爲什麼用紅葡萄酒杯？」我後來面對過洶洶暴民、烈烈法司及不懷好意的政府，而所覺恐怖，始終無過於那摧人肝膽的片刻震慄。

格萊斯頓先生的政治影響力，是以他深厚的道德信念爲基礎。他有伶俐政客的一切伎倆，但他由衷相信：他的每一手腕，都是出於最高尙的目的。抱嘲世觀的拉波契（H.

Labouchère）[9]概括他的爲人說：「他像所有的政客，一定在袖子裡藏著一張牌；不同於他人的地方是，他認爲那是主把它藏在那兒的。」他一定熱切跟他的良心商量，而他的良心一定熱心地給他方便答覆。

有個故事，說到他跟一個酒醉的人衝突起來，這足以說明他人格的威力，至於這故事的眞或假，尚且不論。他有次在集會上，這個人似乎是反對黨裡的，常常打斷他的話。最後，格萊斯頓先生用目光盯住他，說了以下這些話：「這位先生，他一而再又再而三地用感嘆打斷我說的話，所以我要請他儘可能以禮貌待我，因爲我如果跟他易地而處，我一定毫不遲疑地對他禮貌尊重。」據說——這我相當相信——那人受此當頭一棒而清醒過來，在那天晚上始終保持沉默。

說來奇怪，大約一半他的同胞，其中包括極大多數的富人，都視他爲瘋狂或邪惡，或者兩者兼具。我孩提時，所認識的孩子，大多爲保守主義者（conservative），他們愼重其事地向我保證說，街坊都曉得：格萊斯頓先生每天早上要向不同的帽商訂購二十頂高帽子，於是格萊斯頓夫人只好一路尾隨著他，取消訂單（那時候電話尚未問世）。清教徒認爲他暗中跟教廷結盟；有錢人看他（除極少數以外），就如美國富人中最反動的羅斯福先生。但是他

---

⑨ 拉波契（H. Labouchère, 1831-1912），英國自由黨員。

始終不動聲色，因爲他從不懷疑：主站在他這邊。因此，有一半英國人，把他當神看待。

我一九二〇年在莫斯科跟列寧長談過一次，表面上看來，他跟格萊斯頓並不相像，可是，如果把時地及信仰的差異除去，這兩個人就有很多共同之處。先說不同之處：列寧生性殘酷，格萊斯頓則否；列寧不敬重傳統，而格萊斯頓十分看重；列寧認爲，爲了獲致黨的勝利，可以不擇手段，格萊斯頓則視政治爲一種遊戲，必須遵守一定的法則。依我看，這些不同之處都對格萊斯頓有利，因此，整個說來，格萊斯頓造福於民，而列寧嫁禍於民。不過，儘管有這種種差別，他們的相同之處，卻十分顯著。列寧自認是個無神論者，可是他在這上頭是大錯了。他以爲：這世界是由辯證法所支配，而他是其工具；他自命是一超人「威力」的人類代理，這跟格萊斯頓完全一樣。他的無情與狂傲，是僅在手段上如此，而非在目的上；他從不屑以變節來換取個人權勢。兩人都毫不動搖地深信自己爲人正直，他們的個人力量也即出於此。這兩人，爲了支持他們各自的信仰，都曾出於無知闖入一些知識範圍，徒然招來各方的訕笑——格萊斯頓在《聖經》批評上，列寧在哲學上，都如此。

在這兩人中，我要說：格萊斯頓的爲人比較令人難忘。你如果不認識他們兩位，卻在火車上碰到了其中之一，你會對他作何想法？這是我當作試驗來設想的。在這樣的狀況下，我相信，格萊斯頓使我覺得，他是我平生所見最出眾的人之一，而馬上會使我口不語而心已服。列寧呢，正好相反，我想，他在我看來，大概是個心胸狹窄的狂信分子兼不學無術的嘲世者。我見到列寧的時候，所得之偉人印象，大不如我之所期望；他留給我的最鮮明印象，是頑固與蒙古人的殘酷。我向他問起有關農業上社會主義的事情，他興高采烈地說，他曾經煽動較貧的農民反對較富的農民，「他們馬上把他們吊死在附近的樹上——哈！哈！哈！」他想到這些屠殺，就開懷大笑，令我聽了血爲之凝結。

造成政治領袖的那些品質，在列寧身上，不如在格萊斯頓身上顯著。在比較太平的時代，他會不會成爲領袖，我很懷疑。他的威力乃基於一個事實：在一個惶惶不知所措的戰敗國族中，只有他獨個兒，毫不懷疑的，在軍事慘挫的情形下，提出一個勝利之盼望。他顯然憑冷酷的論理，引邏輯爲奧援，說明他的福音。由於這種方式，那些追隨他的人之熱情就顯得——對他們一如對他而言——有科學的認可，而成爲拯救世界的手段。羅伯斯比爾必定也有類似這樣的品質。

我上面說到的人物，總有一種過人之處。但是事實上，那些並無出眾之處的男女，也同樣常令我感動。我發現到，最令我難忘的，是某一種道德品質，即一種捨已無私的品質，無論是在私生活裡，從事公眾事務時，或追求眞理上。我曾結識一位園丁，他目不識丁，卻是純厚良善的好榜樣，一如托爾斯泰喜歡描寫的農民。有一個人，使我永遠不忘，是因爲他心地純良，此人就是莫瑞爾（E.D. Morel）。他是一位住在利物浦的貨運辦事員，他發覺到李奧波國王（King Leopold）[10]剝削剛果人的種種劣跡。爲將他所知公諸於世，他必須犧牲他的職位及生計。他赤手空拳地逐漸進行，儘管遭受歐洲各國政府的反對，仍鼓勵了公眾輿論，而迫使改革。他因此替自己贏得的新聲望，在大戰中爲宣揚和平主義而犧牲，並因其事入獄。在第一屆工黨政府成立以後，他還健在人世，但拉姆齊・麥克唐納（Ramsay MacDonald）[11]把他摒斥不用，希望世人因此忘記：他自己過去也曾是個和平主義者（pacifist）。這樣的人獲得世俗成就的，殊爲罕見，然而凡認識他們的，莫不油然而生出敬愛，其程度，遠超過他們對那些心地較不純良的人。

一九五〇年

---

[10] 李奧波國王（King Leopold），此或係指李奧波三世，十九世紀末二十世紀初比利時王。

[11] 拉姆齊・麥克唐納（Ramsay MacDonald, 1866-1937），英國工黨第一任黨魁，於一九二四年組閣。

第十二章　訃聞（一九三七年）①

九十高齡第三代羅素爵士（當事人好自稱伯特蘭·羅素）既逝，與一甚遙遠過去之連鎖即告斷絕。其祖約翰·羅素（John Russell），維多利亞時代首相，嘗訪拿破崙於厄爾巴島；其外祖母與「青年王位僭稱者（the Young Pretender）」②遺孀爲閨友。羅素青年時期致力數學邏輯研究而著有成績，但於一次世界大戰中態度偏激，顯示其人缺乏平衡判斷力，而日後著述則日益爲所沾染。此或由於——至少部分以言——幼年未霑公學教育之惠，而僅在家受業於塾師；後於十八歲入劍橋三一學院，並先後於一八九三年榮膺第七代數學首名畢業生暨一八九五年獎學金研究員。茲後十五年間，迭有著作問世，博知識界之盛譽。所作凡：《幾何學基礎》（*The Foundations of Geometry*）、《對萊布尼茲哲學的批判性解釋》（*A Critical Exposition of Philosophy of Leibniz*）、《數學的原理》（*The Principles of Mathematics*），並與懷海德（A.N. Whitehead）③氏合作《數學原理》（*Principia Mathematica*），此著當時備受重視，而其優越性，無疑大抵拜賜於懷海德博

---

① 本人若不幸遲歿，則以此死者簡歷公布於一九六二年六月一日之《時報》（*The Times*），否則免之。另以預言故，先於一九三七年刊登《聽眾》雜誌（*The Listener*）。——原註

② 青年王位僭稱者（the Young Pretender, Charles Edward, 1720-1788）。

③ 懷海德（A.N. Whitehead, 1861-1947），英國數學家、哲學家。

士（後稱教授）；凡氏所具精深悟見及精神度量，莫不顯明於其後來諸作，而亦莫不顯然爲羅素所不具；羅素所議論，擅勝於慧巧，而不及於論理以上之更高思想。

羅素之短於精神氣度，痛見於第一次世界大戰之際，當羅素縱然（公平以論）未能稍減比利時所受不義於萬一，仍乖張倡言：戰爭本係惡行，政治家所當務，在儘速結束戰爭，此則唯英國中立德國勝利而可以致之。人必以爲：羅素因數學研究而取錯誤定量見解，忽略重要原則問題。大戰期間，羅素不斷鼓吹：不論依何條件，戰爭應予中止。三一學院，行所當行，褫奪其教職，而彼又於一九一八年遭數月囹圄之災。

一九二〇年，羅素訪俄，對該國政府略無好感，又盤桓於中國，欣然於其傳統文明之尊重理性，而復保存昔日風貌於不墮。又數年，浪擲精力，以文章倡導社會主義、教育改革及有關婚姻、道德放寬、唯偶或重拾諸較不流行話題。羅素史論諸作，以體裁自成而機趣橫生，乃以遮粗心讀者眼目，使不覺其畢生在所宗古典理性主義爲膚淺。

二次世界大戰間，羅素未與公役，蓋於戰事爆發之初，即避禍於一中立國。於私交間每喜言：殺人狂不妨受雇以事互屠，而當彼行事之際，識趣者寧可趨避。所幸，此種承襲邊沁（Jeremy Bentham）[4] 餘風之識見，於此表彰不計功利英雄主義之世，日見稀罕。誠

---

[4] 邊沁（Jeremy Bentham, 1748-1832），英國哲學家，創功利主義，主張社會倫理之目標爲獲致最大多數人的最大的善（即快樂），因敦促政治設施及法律侍服於社會倫理。著《道德及立法原理》。

然，曩昔文明世界，半做廢墟；唯在此巨大爭鬥中赴義而殞者，死非徒然，則凡思想正直者皆所公認（譯按：此段言「所幸」，言「正直」，寓反刺之意，猶前文言「沾染」及「乖張」）。

平生雖剛愎任性，終不失未合時宜之貫徹，大約略似十九世紀初之貴族叛徒。所抱原則多奇特，然，縱使如此，猶足堪爲一己行止之矩式。日常燕居，曾未有疵病其文章之尖刻，唯風趣健談而已，且不少於人性同情。朋友多，而幾全爲古人。然處於寥落儕輩間，雖古稀耄耋，而其樂不減，此大抵歸因於頑健無疾，而以政治言，其暮年孤獨，如復辟後米爾頓。一紀餘命，煢煢獨存！

一九三七年

羅素年表

Bertrand Russell, 1872-1970

年代	生平紀事
一八七二	五月十八日出生於英國威爾士的拉文斯克羅夫特（Ravenscroft, Wales）。
一八七四	•二歲的羅素與他的姊姊訪問祖父母的府邸時，見到維多利亞女王。 •母親與六歲的姊姊病故。
一八七六	父親去世。羅素的祖父約翰．羅素爵士（前英國首相）和祖母推翻羅素父親的遺囑，而獲得羅素兄弟的監護權。
一八七八	祖父去世，祖母培育羅素成長。
一八八三	向哥哥弗蘭克學習歐幾里得幾何學，這是他少年時代一個重大事件。
一八八六	產生了與笛卡兒主義者十分相似的想法。
一八八九	夏季時，至叔叔羅洛家中住了三個月，認識美國人史密斯夫婦以及他們的女兒阿莉絲．史密斯（Alys Smith）。
一八九〇	羅素進入劍橋大學三一學院學習哲學、邏輯學和數學，大學前三年，他專攻數學，獲數學榮譽學位考試的第七名。第四年轉攻哲學，獲倫理科學（當時的哲學）榮譽考試第一名。
一八九一	加入劍橋祕密團體「社團（The Society）」，也稱「使徒（The Apostles）」。
一八九三	獲數學榮譽學士學位一級，接著改學哲學。

一八九四	•大學畢業，獲道德哲學榮譽學士學位一級，成為了黑格爾主義者。畢業後，擔任英國駐巴黎使館的名譽隨員。 •同年和阿莉絲．史密斯結婚。
一八九五	在柏林研究經濟學和德國社會民主黨。
一八九六	第一次訪美三個月。出版第一部著作《德國社會民主》（*German Social Democracy*）。
一八九七	發表《幾何學基礎》（*The Foundations of Geometry*）。
一八九八	羅素追隨摩爾反叛黑格爾主義，在劍橋大學代課。
一九〇〇	•在巴黎國際會議上遇到皮亞諾（**Peano**）。 •出版《對萊布尼茲哲學的批判性解釋》（*A Critical Exposition of Philosophy of Leibniz*）一書。 •發現了著名的羅素悖論，這曾對於二十世紀初的數學奠基的爭論產生過極大的影響。
一九〇一	•開始反對第一次世界大戰。
一九〇二	與弗雷格（**Frege**）聯繫。
一九〇三	發表《數學的原理》（*The Principles of Mathematics*）一書。

年代	生平紀事
一九〇五	在《心靈》雜誌上發表〈論指稱〉（On Denoting）一文。
一九〇八	獲選為英國皇家學會成員。
一九一〇	任劍橋大學三一學院擔任數學講師。結識奧托琳·莫瑞爾（Ottoline Morrell）夫人。
一九一一	和美國人阿莉絲·史密斯離婚。
一九一三	與懷海德一起合作，共同完成了著名的《數學原理》（*Principia Mathematica*）。
一九一四	•任劍橋大學三一學院研究員，同年加入工黨。 •出版《我們對於外界的知識》（*Our Knowledge of the External World*）。
一九一五	出版《戰爭是恐懼的源泉》（*War, the Offspring of Fear*）。
一九一六	•因反戰而被罰款一百一十英鎊，並遭到三一學院開除。 •出版《社會重建原則》（*Principle of Social Reconstruction*）。
一九一七	出版《政治理想》（*Political Ideals*）。
一九一八	因反戰遭監禁六個月：在獄中撰寫並出版《神祕主義與邏輯》（*Mysticism and Logic*）、《自由之路》（*Roads to Freedom*）等書。
一九一九	出版《數理哲學引論》（*Introduction to Mathematical Philosophy*）。

一九二〇	在西班牙講學後訪問俄國，接著又訪問中國，並在北京講學一年，與美國人文哲學家杜威同時間在中國講學，年輕時代的毛澤東曾經在長沙擔任其書記員。
一九二一	• 在保定育德中學講演後，突然患病，瀕臨死亡，傳言散布到了全世界。 • 與前妻離婚後與朵拉・布拉克（Dora Black）結婚。 • 出版《心的分析》（*The Analysis of Mind*）。
一九二二	出版《中國問題》（*The Problem of China*），孫中山因此稱其為「唯一真正理解中國的西方人」。
一九二七	• 與朵拉・布拉克共同建立了一所教育實驗學校畢肯山學校（Beacon Hill School），實驗他的教育理論，是當時英國的進步主義學校之一。 • 出版《物的分析》（*The Analysis of Matter*）。
一九二九	出版《婚姻與道德》（*Marriage and Morals*）。
一九三一	羅素的哥哥去世，羅素繼承爵位，成為第三代羅素伯爵，但是他很少在公開場合這麼稱呼自己，或被別人這樣稱呼。
一九三四	由於數學上的成就，獲得英國皇家學會的西威爾斯特獎和皇家數學會的德摩根獎。
一九三五	和朵拉・布拉克離婚。

年代	生平紀事
一九三六	羅素再與皮特·斯本斯（Peter Helen Spence）結婚。
一九三七	羅素親筆寫了一篇自我訃告。
一九三八	應聘到美國芝加哥大學開了一個大型研討班。
一九三九	第二次世界大戰爆發。羅素搬到美國，到加利福尼亞大學洛杉磯分校講學，並很快被任命為紐約城市大學教授。但是當這個消息一曝光，地方法院就取消了他的教授資格，認為他在「道德上」無法勝任教授一職。
一九四〇	•受聘於紐約市立學院，但遭到公眾抗議，並糾纏於官司之中。 •出版《意義與真理的探索》（*An Inquiry into Meaning and Truth*）一書。 •與發明家巴恩斯博士簽了五年的約到費城的巴恩斯藝術基金會授課。
一九四三	遭到巴恩斯博士毀約，因而得到一筆數目可觀的違約金，解決其財務問題。
一九四四	回到英國，並重新執教於三一學院，講授「非論證性推理」。
一九四五	出版《西方哲學史》（*A History of Western Philosophy*）一書。
一九四八	•出版《人類的知識》（*Human Knowledge*）。 •十一月二十日，發表威斯敏斯特演講。
一九四九	榮獲英王六世頒發的不列顛最高聲望公民「榮譽勳章（the Order of Merit）」。

一九五〇	• 夏季第三次訪美。 • 因巨著《西方哲學史》而獲諾貝爾文學獎。評價說：「羅素於七十四歲時寫成的巨著，拒絕了無法理解的僧侶式文體和晦澀，而運用敏銳、冷靜、機智和深沉功力，使其充滿非凡特性與魅力。即使從純文學的觀點來看，他的《西方哲學史》也屬於永存不朽之作。」 • 年底，至斯德哥爾摩參加頒獎儀式。
一九五二	羅素與皮特離婚，和艾蒂斯．芬奇（Edith Finch）結婚。
一九五四	十二月二十三日，在BBC廣播電臺發表針對核武器威脅的「人類的危險」演說。
一九五五	公布羅素—愛因斯坦宣言（Russell-Einstein Manifesto）。
一九五七	組織了第一屆普格瓦斯大會（Pugwash Conference）。
一九五八	成為取消核軍備運動的主席。因將科學普及化而獲得聯合國教科文組織頒發的林達獎（the Kalinga Prize）。
一九六〇	• 獲丹麥索寧獎（Soning Prize）。 • 成立「百人委員會」，並開展「公民反戰不服從行動」。
一九六一	羅素參與一個核裁軍的遊行後被拘禁了七天。

年代	生平紀事
一九六二	•參與古巴導彈危機的國際調停。 •參與中印邊界衝突的調停。
一九六三	•獲德國奧希斯基獎（Ossietzky Medal）和美國湯姆．潘恩獎（Tom Paine Award）。 •創立羅素和平基金會。
一九六六	反對越南戰爭，和薩特一起於五月成立了一個民間法庭（後被稱為「羅素法庭」），揭露美國的戰爭罪行。
一九六七	出版《羅素自傳》（*The Autobiography of Bertrand Russell*）第一卷。
一九六八	•出版《羅素自傳》（*The Autobiography of Bertrand Russell*）第二卷。 •發表聲明抗議蘇聯入侵捷克斯洛伐克。
一九六九	出版《羅素自傳》（*The Autobiography of Bertrand Russell*）第三卷。
一九七〇	二月二日去世於英國威爾士的彭林德拉特（Penrhyndeudraeth, Wales），骨灰被撒在威爾士的群山之中。

索引

一、人名索引

四畫

巴門尼德（Parmenides） 12, 15
牛頓（Newton） 導讀5, 24, 35, 92, 109, 147, 166, 167

五畫

包羅（Borrow） 100, 101, 110
卡西烏斯（Gaius Cassius Longinus） 180
卡利古拉（Caligula） 112
史威夫特（Swift） 24
尼采（Nietzsche） 190
尼羅王（Nero） 14, 107, 111, 180
布拉德雷（Francis Herbert Bradley） 60
布魯克（Rubert Brooke） 209
布魯圖斯（Brutus） 176, 180
瓦慈（Isaac Watts） 82
甘地（Mahatma Gandhi） 100, 105, 135, 136
白朗寧（Robert Browning） 208

六畫

伊比鳩魯（Epicurus） 9
伊拉斯謨（D. Erasmus） 96
伏爾泰（Voltaire） 64
休謨（David Hume） 2, 6, 7, 8, 20, 66, 67, 68, 69, 70
列寧（Lenin） 11, 54, 120, 210, 213, 214
安德魯・傑克遜（Andrew Jackson） 201
成吉思汗（Genghis Khans） 14
托勒密（Ptolemy） 24
托勒爾（Ernst Toller） 209

托普雷狄（Toplady） 100, 101
托爾斯泰（Tolstoy） 105, 214
米爾頓（Milton） 89, 91, 92, 109, 110, 189, 190, 220
老子（Lao-tse） 78, 130
艾斯奇勒斯（Aeschylus） 33, 34
艾德禮（Attlee） 54, 210
西拿基立（Sennacherib） 33
西塞羅（Cicero） 177

七畫

亨吉斯特（Hengist）25
亨利・西季威克（Henry Sidgwick） 209
伯特蘭・羅素（Bertrand Russell） 導讀1, 導讀2, 導讀3, 導讀4, 導讀5, 導讀6, 導讀7, 譯序1, 譯序2, 譯序3, 譯序4, 譯序5, 譯序6, 前言1, 218, 219
伯納德・鮑桑葵（Bernard Bosanquet） 74
伽利略（Galileo Galilei） 導讀5, 13, 146, 166, 167, 168
但尼生（Alfred Tennyson） 208
佛洛伊德（Freud） 84, 85, 86, 88
克倫威爾（Cromwell） 22, 91, 179, 201, 202
克塞諾芬尼（Xenophanes） 164
含（Ham） 200
希特勒（Hitler） 11, 14, 28, 112, 118
希羅多德（Herodotus）116
李森科（Lysenko） 54
李奧波國王（King Leopold） 215

八畫

亞伯拉罕（Abraham） 83, 84

亞里斯多德（Aristotle） 9, 13, 16, 24, 96, 117, 129, 134, 165, 166, 167

亞歷山大（Alexander） 19, 173

佩里克利斯（Pericles） 20, 21

宙斯（Zeus） 173

居魯士（Cyrus） 116

拉姆齊・麥克唐納（Ramsay MacDonald） 215

拉波契（H. Labouchère） 211, 212

拉普拉斯（P.S. Laplace） 13

林肯（Lincoln） 54

波普爾博士（Dr. K.R. Popper） 8

波普（Pope） 79

芝諾（Zeno） 173

邱吉爾（Churchill） 178

阿那克西曼德（Anaximander） 35, 36

阿那克薩哥拉（Anaxagoras） 168

阿里斯塔克斯（Aristarchus of Samos） 165

阿奎那／聖多瑪斯・阿奎那（St. Thomas Aquinas） 2, 34, 102, 104, 198

阿基米德（Archimedes） 164, 165

青年王位僭稱者（the Young Pretender, Charles Edward） 218

九畫

奎士林（Quisling） 118

威廉・詹姆士（William James） 209

威爾斯（Welsh） 110

威靈頓（Wellington） 109

拜爾（Bayle） 63

柏克萊（George Berkeley） 65, 66, 67

柏拉圖（Plato） 譯序5, 7, 8, 9, 10, 11, 12, 15, 42, 43, 117, 123, 129, 132, 138, 146, 175, 183
查理五世（Charles V） 103
查理二世（Charles II） 91
洛克（John Locke） 導讀6, 譯序5, 3, 8, 9, 20, 23, 29, 78, 178
約拿（Jonah） 139
約翰・伍爾曼（John Woolman） 175
約翰・羅素（John Russell） 218

十畫

俾斯麥（Bismarck） 204
哥白尼（Copernicus） 24, 90, 91, 101, 165, 168
恩培多克勒（Empedocles） 36
拿破崙（Napoleon） 19, 218
格林（T.H. Green） 2
格萊斯頓（W.E. Gladstone） 210, 211, 212, 213, 214
桑塔耶那（G. Santayana） 88
泰西特斯（Tacitus） 78
特土良（Tertullian） 190
留基伯（Leucippus） 9
納爾遜（Nelson） 109
馬可・奧里略（Marcus Aurelius） 139
馬克思（K. Marx） 譯序5, 3, 18, 20, 23, 26, 35, 72, 73, 86, 88, 120, 192, 201, 210
馬格萊頓（Muggleton） 41
馬爾薩斯（Malthus） 131

十一畫

康德（I. Kant） 3, 7, 8, 68, 69, 70, 71
梅爾斯（Myers） 138
畢達哥拉斯（Pythagoras） 36
笛卡兒（R. Descartes） 10, 61, 62, 63, 78, 93, 166
第歐根尼・拉爾修（Diogenes Laertius） 9
荷馬（Homer） 11, 88
莎士比亞（Shakespeare） 88, 89, 109, 113, 114, 133, 176, 202
莫瑞爾（E.D. Morel） 214

十二畫

傑佛遜（Jefferson） 32, 86, 199
凱撒（Caesar） 19, 113, 114, 127, 176
勞合・喬治（Lloyd George） 52
焦爾達諾・布魯諾（Giordano Bruno） 146, 147
喬治三世（George III） 99, 116
喬治四世（George IV） 41
富蘭克林（Benjamin Franklin） 99
惠特曼（Walt Whitman） 133
斯賓諾莎（Spinoza） 91, 92, 107, 117, 139
普來斯博士（Dr. Price） 99
普羅提諾（Plotinus） 168
普羅塔哥拉斯（Protagoras） 6, 7, 8, 10
腓力二世（King Philip II） 103
華茲華斯（Wordsworth） 83, 86
萊布尼茲（G.W. Leibniz） 導讀5, 10, 63, 64, 68, 166
費希特（J. G. Fichte） 3
黑格爾（G.W.F. Hegel） 譯序5, 3, 7, 8, 15, 16, 17, 18, 19, 20, 35, 70, 71, 72, 73, 201

十三畫

奧古斯丁（St. Augustine） 80, 104, 107
奧古斯特・孔德（Auguste Comte） 42
奧西瑞斯神（the God Osiris） 141
愛因斯坦（Einstein） 26, 92, 210
愛德華一世（Edward I） 52
聖母（Madonna） 81
聖安東尼（Saint Anthony of Padua） 85
聖保羅（St . Paul） 104, 106
詹姆士・簡恩（James Jeans） 65, 112
路德（Luther） 93
達爾文（Darwin） 36, 98, 109, 169
雷基（Lecky） 89

十四畫

維薩里（Vesalius） 103

十五畫

赫拉克利特（Heraclitus） 19, 35
墨索里尼（Mussolini） 112
德斯塔爾夫人（Madame de Staël） 78
德謨克利特（Democritus） 8, 9, 10, 36
摩洛神（Moloch） 140, 141, 163
撒姆爾・巴特勒（Samuel Butler） 106
歐幾里得（Euclid） 69

十六畫

衛斯理（Wesley） 82
鄧斯・司各脫（Duns Scotus） 34
盧克萊修（Lucretius） 9
盧梭（J.J. Rousseau） 22, 182
選舉侯蘇菲（Electress Sophia） 63
霍布斯（T. Hobbes） 7, 13, 123, 182

霍爾沙（Horsa） 25

十七畫

薛西斯一世（Xerxes I） 180

十八畫

豐恩（Vaughan） 9

十九畫

懷海德（A.N. Whitehead） 218
羅伯斯比爾（Robespierre） 22, 179, 214
邊沁（Jeremy Bentham） 220

二十畫

蘇格拉底（Socrates） 4, 5, 10, 42, 138, 146
蘇菲・夏洛特（Sophie Charlotte） 63, 64

二、名詞索引

二畫

人道主義（humanitarian） 27
十字軍精神（spiritual crusade） 81

三畫

凡爾賽公約（Treaty of Versailles） 128
大金字塔（Great Pyramid） 142
大恩狄安人與小恩狄安人（the Big-endians and the Little-endians） 24
大砲勝過奶油（guns rather than butter） 190
工具主義（instrumentalism） 2
工業主義（industrialism） 78
工業革命（industrial revolution） 32, 135, 163
不純（impure） 70
不動運動體（Unmoved Mover） 167

四畫

反命題（antithesis） 71
天文學（astronomy） 10, 36, 37, 46, 91, 92, 98, 101, 163, 164, 165, 167, 168
孔子學說（Confucianism） 78
巴別高塔（The Tower of Babel） 171
心靈論（spiritualism） 138
文藝復興時代（Renaissance） 89, 157, 165
比利洗人（the Perizzites） 201

五畫

主的寶劍（the sword of the Lord） 201
以色列十支派（the lost ten tribes） 141
以法蓮（Ephraim） 142

功利主義者（utilitarian） 10
北京人（Homo Pekiniensis） 169, 182
可憎厭之物（abomination） 84
史達林派（stalinist） 53
右派（the Right） 導讀3, 前言1, 29
外邦人（Gentiles） 118, 197
尼安德塔人（Neanderthal man） 169, 170
尼西亞宗教會議（the Council of Nicaea） 22
左派（the Left） 導讀3, 前言1, 29
左傾（left） 90
民主主義（democracy） 譯序5, 20, 21, 22, 28, 32, 38, 40, 55, 80, 86, 149, 150, 155, 180, 181, 204, 205
民主主義者（democrat） 10, 45, 204, 205
民族主義（nationalism） 148, 149, 150, 155
皮爾當人（Piltdown man） 169

六畫

先天理念否定說（refutation of innate ideas） 9
全能者（omnipotence） 112, 191
共產主義者（Communist） 55, 79, 86, 190
因果律（the law of causality） 68, 170, 204
好撒馬利亞人的比喻（the parable of the Good Samaritan） 174
自由主義（liberalism） 導讀2, 導讀3, 導讀6, 譯序5, 2, 3, 8, 20, 21, 22, 23, 25, 29, 32, 107, 174, 178
自由主義者（liberal） 2, 11, 21, 22, 27, 79
自然因（natural cause） 186, 193
自然律（natural law） 導讀5, 165, 168, 183
至福千年（a millennium） 25, 45, 49, 72,

190
色情虐待狂（sadism） 90
血統（blood） 116, 117, 118, 119, 120, 197
伯羅奔尼撒戰爭（the Peloponnesian war） 10
似非而是說（paradox） 66

七畫

何模先生（Mr. Homo） 109
希未人（the Hivites） 201
克洛格協定（the Kellogg Pact） 179
形上學（metaphysics） 12, 17, 18, 19, 55, 60, 66, 67, 73
決定論（determinism） 65
決定論者（determinist） 10, 64
究極因（the “final” cause） 166

八畫

亞流派（Arianism） 38
亞摩利人（the Amorites） 201
侏儒族（the Pygmies） 119
初學教友（Abecedarians） 143
和平主義（pacifism） 譯序2, 215
和平主義者（pacifist） 215
孟德爾遺傳學說（Mendelism） 54
宗教寬容（religious toleration） 導讀3, 23, 177, 178
宗教戰爭（religious war） 譯序5, 25, 150
東方人的智慧（wisdom of the East） 80
法西斯主義（Fascism） 28
法國大革命（French Revolution） 79, 140, 174
泥土意識（earth consciousness） 80
直立猿人（Pithecanthropus Erectus） 169

知識論（epistemology） 譯序5, 23, 25
社會主義（socialism） 32, 214, 219
社會主義者（Socialist） 79, 86
空無（Nothing） 18

九畫

俗人（the laity） 178
迦南人（the Canaanites） 201
耶布斯人（the Jebusites） 201
保守主義（conservatism） 2, 7
保守主義者（conservative） 212
信心時代（The Ages of Faith） 25, 97, 138
南特詔書（The Edict of Nantes） 28
帝國主義（imperialism） 21, 33
政治學（politics） 2, 3, 5, 19
施與受（the give-and-take） 178, 179
胡格諾教徒（Huguenots） 28
英雄主義（heroism） 153, 219
英雄雙行句（heroic couplet） 89
革迦撒人（the Girgashites） 201

十畫

倫理學（ethics） 導讀3, 5, 45, 209
原子理論（Atomic theory） 26
原子論（atomism） 9, 10
原動力（primum mobile） 167
原罪（Original Sin） 83
庫拉克（Kulak） 120
浪漫主義運動（Romantic movement） 89
涅槃（Nirvana） 18
烏合之眾（rabble） 79
烏托邦（utopia） 譯序5, 10, 50, 126
盎格魯・撒克遜（Anglo-Saxon） 25, 34
眞信（True Faith） 201

眞理（Truth） 導讀4, 導讀5, 譯序5, 18, 26, 29, 36, 38, 55, 60, 63, 69, 74, 85, 92, 93, 108, 122, 125, 126, 137, 150, 154, 155, 164, 202, 214
神示命運（Manifest Destiny） 201
神的旨意（Divine Purpose） 92, 99, 107, 116, 201
神的計畫（Divine Plan） 101
神的眷顧（providence） 101
神道哲學（divine philosophy） 12
神道意志（Divine Will） 200
純粹存在（Pure Being） 71
純粹理性批判（Critique of Pure Reason） 68, 69
純粹理論的（purely theoretical） 35
純粹實踐的（purely practical） 35
純粹數學（pure mathematics） 25, 74, 148
純粹數學物理學（purely materialistic physics） 168
馬克思主義（Marxism） 28
馬克思學說（the doctrine of Karl Marx） 72
馬格萊頓派（Muggletonian） 41
高尚的野蠻人（noble savage） 78, 80, 81

十一畫

偉大高潮（Great Climax） 111
動力因（the “efficient” cause） 166
唯物史觀（materialist conception） 譯序5
唯物論（materialism） 55
唯物論者（materialist） 10, 55, 65
啓示（Revelation） 24, 37, 141
國際主義（internationalism） 譯序5, 148, 205

宿命觀（fatalism） 譯序4
崇高的（grand） 170, 174
教友派（Quaker） 175
淑世觀（meliorism） 譯序4
現代心識（modern-minded） 90
現代教條主義者（modern dogmatist） 148
現象世界（the apparent world） 16, 71
理想主義（idealism） 譯序3, 25, 80
異化（deviation） 90
粗率與輕忽（carelessness and inattention） 7

十二畫

幾何學（geometry） 63, 69
復辟（the Restoration） 91, 220
斯多噶派（Stoic） 139, 173, 175
普尼克戰爭（Punic wars） 140
普遍相對論（general theory of relativity） 26
普羅階級（proletariat） 79, 86, 91, 192, 199, 201
普羅階層（proletarian） 120
無上命令（categorical imperative） 70
無政府主義勢力（anarchic force） 24
稀有土類（rare earths） 121
絕對理念（The Absolute Idea） 15, 16, 17, 18, 71
進化論（evolution） 36, 111, 112, 169, 170
進步律（law of progress） 14
開明理性主義（enlightened rationalism） 164

十三畫

奧斯威辛（Auschwitz） 26, 172

奧菲結社（the Orphic Societies） 175
意識形態（ideology） 譯序5, 25, 86
愛好智慧（love of wisdom） 33
新經驗學派（neo-scholastic） 97
極權主義（totalitarianism） 148, 156
極權主義者（totalitarian） 11
歇斯底里症（Hysteria） 155
滑鐵盧之役（Battle of Waterloo） 41
禁酒主義者（prohibitionist） 113
禁酒時期（prohibition） 141
禁慾主義（asceticism） 189, 190
禁慾者（ascetic） 190
經院神學（scholastic theology） 28
經濟民族主義（economic nationalism） 195
經濟決定論（economic determinism） 192
經驗主義（Empiricism） 導讀3, 譯序5, 2, 3, 8, 20, 23, 28, 29, 73
經驗主義者（empiricist） 譯序3, 8, 25, 27
罪與罰（sin and vindictive punishment） 191
聖餐之杯（the Cup） 177
聖體共在論（consubstantiation） 177
聖體變化論（transubstantiation） 177
萬物之靈（homo sapiens） 109
詭辯學派（Sophists） 42
資本主義（capitalism） 26, 32, 49, 52
資產階級（bourgeois） 73, 90, 199

十四畫

赫人（the Hittites） 201
寡頭政治（oligarchy） 10
實用主義者（pragmatist） 93
實在世界（the real world） 71
實踐倫理（practical ethics） 4, 35

實踐理性批判（Critique of Practical Reason） 68
實證主義者（pragmatist） 55
慣性定律（the law of inertia） 167, 168
瑪拿西（Manasseh） 142
福音（gospel） 82, 150, 163, 203, 214
種族理論（racial theory） 119, 120
綜合命題（synthesis） 71
維多利亞時代（Victorian era） 譯序4, 80, 132, 208, 218
蒙斯的天使（angels of Mons） 115

十五畫

摩爾人（Moor） 28
摩尼教徒（The Manicheans） 105
敵基督（Antichrist） 142
暴民（mob） 79, 86, 146, 150, 211
樂園（Paradise） 201
樂觀主義（optimism） 64, 75
歐幾里得式（Euclidean） 69
窮人的純樸生涯（simple annals of the poor） 78
輪迴（transmigration） 175

十六畫

機械時代（the machine age） 86
歷史辯證（historical dialectic） 譯序5
獨身主義（celibacy） 104, 105, 131
獨裁主義（dictatorship） 32
獨裁者（dictator） 11, 156
獨斷哲學（dogmatic philosophy） 28
獨斷論（dogmatism） 導讀2, 譯序5, 前言1, 8, 20, 25, 68, 124
諾斯底派（the Gnostics） 108

選民（Chosen People） 192, 201
錯綜意識（complex） 90
霍登達族（the Hottentots） 119

十七畫

優秀種族說（superior race） 118
彌賽亞（Messiah） 141
應許之地（The Promised Land） 39, 200
應答（answered） 7
聰明的美國人（intelligent American） 78
騎士精神（chivalry） 81
簡純（simplicity） 210

十九畫

懷疑主義（skepticism） 譯序4, 5, 6, 25, 39, 62, 64, 66, 142
懷疑主義者（skeptic） 8, 39

二十一畫

辯證法（dialectic） 17, 18, 19, 72, 73, 201, 213
辯證唯物論（dialectical materialism） 23, 55
辯證唯物論者（dialectical materialist） 55

二十二畫

權威主義（authoritarianism） 32

二十三畫

戀母情結（Oedipus complex） 90
邏輯實證主義者（logical positivist） 55
邏輯學（logic） 64, 70, 127

二十五畫

觀念論（idealism） 2, 3
觀念論者（idealist） 55

經典名著文庫 067

人類的將來

Unpopular Essays

作　　　者 —— 羅　素（Bertrand Russell）
譯　　　者 —— 杜若洲
發 行 人 —— 楊榮川
總 經 理 —— 楊士清
總 編 輯 —— 楊秀麗
文庫策劃 —— 楊榮川
副總編輯 —— 黃文瓊
特約編輯 —— 廖敏華
責任編輯 —— 吳雨潔
封面設計 —— 姚孝慈
著者繪像 —— 莊河源
出 版 者 —— 五南圖書出版股份有限公司

地　　址 —— 台北市大安區 106 和平東路二段 339 號 4 樓
電　　話 —— 02-27055066（代表號）
傳　　眞 —— 02-27066100
劃撥帳號 —— 01068953
戶　　名 —— 五南圖書出版股份有限公司
網　　址 —— https://www.wunan.com.tw
電子郵件 —— wunan@wunan.com.tw

法律顧問 —— 林勝安律師事務所　林勝安律師
出版日期 —— 2021 年 1 月初版一刷
定　　價 —— 360 元

國家圖書館出版品預行編目資料

人類的將來 / 羅素（Bertrand Russell）著；杜若洲譯 . -- 初版 -- 臺北市：五南圖書出版股份有限公司，2021.01
面；公分 . --（經典名著文庫：067）
譯自：Unpopular Essays
ISBN 978-957-763-279-1(平裝)

1. 羅素 (Russell, Bertrand, 1872-1970)　2. 學術思想
3. 哲學

144.71　　108001088